我的爸爸超酷

墨羽客 ❤ 著

北京日报出版社

图书在版编目（CIP）数据

我的爸爸超酷 / 墨羽客著. -- 北京 ： 北京日报出
版社， 2024. 10. -- ISBN 978-7-5477-5046-9

Ⅰ . G78

中国国家版本馆 CIP 数据核字第 2024QX4647 号

我的爸爸超酷

出版发行：北京日报出版社

地　　址：北京市东城区东单三条8-16号东方广场东配楼四层

邮　　编：100005

电　　话：发行部：（010）65255876
　　　　　总编室：（010）65252135

印　　刷：德富泰（唐山）印务有限公司

经　　销：各地新华书店

版　　次：2024年10月第1版
　　　　　2024年10月第1次印刷

开　　本：710毫米×1000毫米　1/16

印　　张：9

字　　数：105千字

定　　价：59.00元

前言

在这个温馨的世界里，每个孩子都是家庭的宝贝，你的健康和成长是父母心中最牵挂的事情。在你的成长旅程中，爸爸扮演着一个不可或缺的角色。

爸爸对你的爱是深沉的，像海一样深。他不言不语，却蕴含着无尽的情感与力量；他如同一座灯塔，照亮你前行的道路；他温和而内敛，不像海浪那般汹涌澎湃，却以他独有的方式，给予你坚定的支持与依靠。

父爱是如此深沉和伟大，你应该学会感恩、学会回报父亲。你可以通过一些小小的行动，比如给爸爸一个拥抱，说一句"爸爸，我爱您"，或者在父亲节那天，为爸爸准备一份小礼物，让他感受到你对他的爱和对他的感激之情。

在这本书中，我们将和你一起走进爸爸的世界，去感受那些平凡而又伟大的父爱瞬间。你会体会到，爸爸如何在生活的点滴中，教会你勇敢、坚强和自信；如何在你遇到困难时，给予你支持和鼓励；如何在你取得成就时，为你骄傲和欢呼。

亲爱的小朋友，现在就请你翻开这本书，去探索父爱的奥秘，去学习如何成为一个懂得感恩的孩子。在父亲的陪伴下，健康成长，勇敢地追逐自己的梦想。因为你知道，无论你走到哪里，父爱都会如影随形，给你力量和勇气。

这本书是一份特别的礼物，它不仅送给你，也送给你伟大的爸爸。请你感谢爸爸，感谢他无私的爱和付出。阅读这本书，愿每个小朋友都能感受到父爱的温暖，学会感恩、学会去爱。

现在，就请你打开这本书，开始一段关于父爱和感恩的旅程吧！

目录

第三章 爸爸最爱我们这个小家

第四章 爸爸告诉我的那些事儿

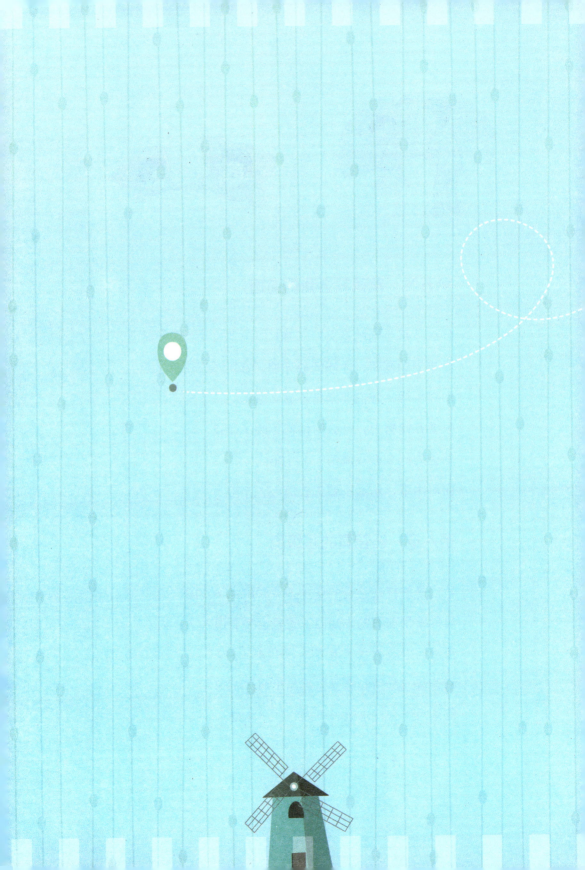

第一章

生活中的爸爸像超人

原来爸爸一直在背后关注着我

　　我的爸爸平时沉默寡言。

　　有一次，我无意中翻到了爸爸的一个记事本，便好奇地打开看了看，里面记录了我从出生到现在各种各样的事情。比如，我从妈妈肚子里出来的那一天，爸爸写下了"宝宝终于出生了，母子平安，谢天谢地。我一定要让宝宝健康、快乐地长大"这样的文字。

　　我又翻了几页，上面是我第一次过生日那天爸爸写下的文字："今天是宝宝来到这个世界上一周年的日子，他现在看上去傻傻的，母亲说他和我小时候简直一模一样。"

　　在这本记事本中，我知道了很多自己从来不知道的事情，也才明白，原来爸爸一直在默默地关注着我、记录着我。

小朋友，你的爸爸是不是也是这样的人呢？

他默默地记录着你成长的每一个细节。他总是在你背后用慈祥和赞许的目光关注着你的一举一动。无论是你在学校里的优秀表现，还是你在家中的小创造，他都能看得到。

你有时或许会觉得他过于严格，或许会觉得他对你的要求太高，但是你是否知道，这一切是因为他深爱着你，希望你成为一个优秀的人。他希望通过关注和引导，帮助你发掘自己的潜力，培养你的自信心和独立性。

当你遇到困难时，他会默默地支持你，给你鼓励和力量。他可能会严厉地批评你，但也会温柔地安慰你。

三国时期，有一个非常聪明、非常有能力的人，他的名字叫诸葛亮。他不仅是一个很厉害的军事家，还是蜀汉的丞相，帮助自己的君主刘备管理国家大事。

诸葛亮有一个儿子，名叫诸葛瞻。诸葛亮因为工作很忙，不能经常陪在儿子身边，所以就写了一封信给儿子，信中讲了一些关于学习、生活的建议，希望他能够成为出类拔萃的人。

在信中，诸葛亮劝勉儿子勤学立志，修身养性，因为不恬静寡欲就无法明确志向，不排除外来干扰就无法实现远大目标。

诸葛亮的这封信充满爱和智慧，他写这封信是为了教导他的儿子。同样，你的爸爸也可能会记录下你成长过程中的一些重要时刻，这些事情也许你已经不记得了，但爸爸却用心地记录下来。

爸爸是你来到这个世界后的引路人，你成长的每一个瞬间，都是值得爸爸珍藏的宝贵回忆。爸爸对你的关心与关爱，很多时候你并没有觉

夫君子之行，静以修身，俭以养德……

察。他对你说的每一句话，为你记录下的每一个字，都藏着对你的深深爱意。

爱的箴言

　　爸爸的那双眼睛，时刻关注着我们，追随着我们。无论我们走到哪里，那种深沉的目光都舍不得移开。他或许言语不多，但那份默默的关注，却如同温暖的阳光，无声地照耀着我们前行的道路。

爸爸为什么话不多？

　　今天我在想，爱是什么？是不是一定要说出来才是爱呢？我觉得不是。

　　记得有一次，我半夜发烧了，妈妈还不在家。爸爸就背着我去医院，天很黑，风也很大，但是爸爸的背很温暖。他没有说爱我，但是我知道，他比谁都在乎我。还有，每次我考试成绩不好，妈妈都会说我，但是爸爸总是摸摸我的头，并看着我，他的眼神里有一种力量，让我不害怕失败，也让我更勇敢地去面对困难。

　　我想，爱不一定要说出来，有时候，行动比语言更有力量。我爱我的爸爸，就像他也爱我一样，他的爱是那样深沉而坚定。

在这个世界上，有一种爱，它不张扬，不热烈，却如同大海般深邃，这就是父爱。父爱不像母爱那样温柔细腻，它更倾向于沉默和行动，深沉而有力。

话说在春秋时期，齐国的国君齐景公非常喜欢自己的小儿子荼，经常陪儿子一起在宫内玩耍。有一次，齐景公竟然趴在了地上，嘴里衔着一条绳子，一国之君俨然化身成一头牛，让荼牵着自己走。荼玩得非常开心。

突然，荼不小心摔了一跤，齐景公由于被荼牵着，也遭了殃，跟着摔倒了，连牙齿都被磕掉了一颗。

齐景公并没有生气，反而还问儿子玩得开不开心。这就是"孺子牛"典故的由来，后世就用甘愿当"孺子牛"表现父母对儿女无条件的爱。《左传·哀公六年》载："女（汝）忘君之为孺子牛而折其齿乎？"

父爱很多时候是无声的，它不像母爱那样经常通过言语表达，父爱总是体现在一个个充满爱意的行动上。爸爸可能不会说"我爱你"，他们的爱往往表现得厚重而又深沉。

在你需要帮助时，爸爸的支持往往是无条件的，不需要任何言语的承诺。爸爸通过自己的行为给你树立榜样，他的勤奋、坚韧和责任感，往往比任何言语都更有说服力。许多爸爸愿意牺牲自己的时间和金钱，只为了给孩子提供更好的学习环境。

在危险和困难面前，爸爸的臂膀总是最可靠的。他的爱可能不会说出口，但他的心里无时无刻不在牵挂家庭、牵挂孩子。在家庭和事业之间奔波，许多爸爸牺牲了自己的兴趣和时间，来确保家庭的幸福和孩子的成长。

爱的箴言

　　爸爸的话不多，但这并不代表他对我们的爱也不多。很多时候，爸爸的爱是一种无言的爱，是一种基于行动的爱，是一种"此时无声胜有声"的爱。

　　我想，一定要找一个机会，跟爸爸说一声："爸爸，您辛苦了，我爱您。"我还会上前给爸爸一个拥抱。

爸爸的记忆力为什么这么好？

我 的 日 记

　　爸爸的记忆力可好了，无论我问到家中过去发生的什么事情，他总能马上说出来。甚至我第一次去动物园的日子，他都记得清清楚楚。

　　爸爸记得我们全家每一个人的生日，每到生日，他都会给我们准备惊喜，让我和妈妈感到特别开心。有一次，我和爸爸去公园玩。我问他："爸爸，你怎么会记得这么多事情呢？"爸爸笑着说："因为这些都是关于你们的美好记忆，我不想忘记任何一个瞬间。"

　　我觉得，爸爸的记忆力好，是因为他有一颗爱我们的心。他把我们的事情看得很重要，所以记得特别牢。我也要像爸爸一样，用心记住和家人在一起的每一个快乐时光。

好像每位爸爸的记忆力都特别棒，他们能记住孩子第一次走路的样子、第一次说出"爸爸"的声音，还有孩子每一个生日愿望。这些记忆，就像一颗颗闪亮的星星，点亮了爸爸心中的夜空。

张成的爸爸小时候做事经常粗心大意、丢三落四，经常忘记重要的事情，为此没少受奶奶的教训，爸爸就是"屡教不改"，总也改变不了这个毛病。但是自从有了张

成，爸爸却变得细心起来。

有一次，张成生病了，最初，大家认为只要休息一两天就能恢复，但是到了第三天，病情仍没有好转，爸爸妈妈急忙把张成送到医院。当医生问起最初发病的情形时，爸爸竟然详详细细地说了出来，甚至精确到小时，连医生都大为吃惊。

张成上学之后，爸爸的记忆力仿佛变得更加强大了，每天上学、放学的时间，周几上体育课需要穿球鞋，各科的老师姓甚名谁甚至秉性都记得很清楚，而且从幼儿园一直到张成大学毕业，整整十九年。

张成爸爸的记忆力真是惊人！而其之所以发生这么大的转变，完全是出于对孩子的爱。或许，你的爸爸的记忆力没有张成爸爸这么强大，但他们关于孩子的一切同样会记得相当清楚。他们会记住孩子喜欢吃什么食物、喜欢玩什么游戏，还有孩子害怕什么，而这种超强的记忆力同样来自爸爸对孩子的爱。

记忆力还有一个魔法，它可以让父亲和孩子感受到家庭的美满、生活的幸福。每当你想起和爸爸一起度过的快乐时光，那些记忆就会像魔法一样，让你感到温暖和幸福。

爸爸记住了和你在一起的每一个瞬间、你的每一张笑脸。这些记忆，是他对你爱的证明。希望你能够珍惜这些记忆，同时也要学会记住爸爸的爱，记住生活中的每一份美好。

爱的箴言

爸爸的超强记忆力，是爱的深沉体现。它就像一本日记本，随时可以查找到关于孩子的一切。他记得孩子的生日，记得孩子人生的每一个重要瞬间，不是因为他记忆力超群，而是因为他会用心去感受，珍惜与孩子共度的每一刻。

你的爸爸也受人尊敬吗？

 我 的 日 记

　　在我们小区里，大家都认识我爸爸，也都喜欢他。他总是笑眯眯的，对每个人都很友好。上次，邻居张奶奶家的水管坏了，爸爸知道了，二话不说就过去帮忙修好了。张奶奶直夸爸爸是个大好人。

　　爸爸对待工作也很认真，连续好几年在单位被评为"先进个人"。他每天早早起床，晚上回来的时候，虽然看起来很累了，但他也不抱怨。他总是说："做事情要有责任心，要认真对待每一份工作。"

　　爸爸是我的骄傲，我也要成为他的骄傲，成为一个"人见人敬"的好孩子。我要让所有人都说："看，那个孩子真棒！"

如果你的爸爸是一个"人见人敬"的人，你自然而然也会非常尊敬爸爸。这种尊敬，是对爸爸社会角色的理解，对爸爸付出的认可，是对爸爸善良的钦佩。社会对于"好爸爸"的定义，也会影响你的成长。

1960 年，美国作家哈珀·李发表了长篇小说《杀死一只知更鸟》后，名声大噪，这部小说还获得了 1961 年的普利策小说奖，至今已经被翻译成四十多种语言，在全球受到热烈追捧。

小说讲述的故事发生在 20 世纪 30 年代美国大萧条时期，主人公是一个名叫阿迪克斯的人，职业是律师。他为人正直，因此受到了镇子上人们的欢迎。但是，为了守护正义与良知，阿迪克斯也会受到一些人的责难、谩骂，甚至还遭遇人身危险，但是，他依然选择坚守正义。

阿迪克斯有两个孩子，男孩叫杰姆，是哥哥，女孩叫斯库特，是妹妹。最初，兄妹二人非常调皮，也经常做错事情，但阿迪克斯始终采用正确的方法耐心教导。而且，在阿迪克斯的言传身教下，兄妹二人都和父亲一样，善良而勇敢。

有一次，阿迪克斯愿意为黑人汤姆辩护，但遭到了很多人的反对、诋毁，也连累儿女受到了不公平的对待，但是他仍然坚持自己的良知，在法庭上为黑人汤姆辩护，将事情的真相公布于众，力求还汤姆清白。

　　虽然最后官司输了，但阿迪克斯的善良、勇敢、正义，赢得了所有黑人的尊重。大家都发自内心对他充满敬意。在父亲的影响下，儿女们也懂得了公平和正义。

　　可以说，在一个受人尊敬的家庭环境中长大的孩子，更容易形成积极的人生观和世界观，也更有可能发展出健康的自尊和自信。一个"人见人敬"的爸爸对你日积月累的言传身教，是你人生中很重要的养分。

亲爱的小朋友，在社会上受人尊敬的人是伟大的，而他又是你的爸爸，因此也更值得你去尊敬和感恩。你不仅需要用心去感受，还要用行动去表达对爸爸的尊敬。

爱的箴言

爸爸是受人尊敬的，无论是在家里还是外面，大家都会尊敬他，因为他的肩上扛起了太多责任。面对这些责任，他无怨无悔，一边默默地为家庭付出，一边又积极地为社会做贡献。

小朋友，我们要学会尊敬自己的爸爸。今后如果遇到和爸爸意见不同的时候，请耐下心来听听爸爸的想法，而不是要小性子。我们要对爸爸多一点体谅和尊重。

勤劳的爸爸什么时候能休息？

我的日记

　　我觉得爸爸就像一只勤劳的小蜜蜂，整天忙忙碌碌，不停地工作。

　　早上，太阳公公还没露出笑脸，爸爸就已经起床了。他轻手轻脚地给我们做好早餐，然后去上班。爸爸的工作好像永远做不完，晚上回来的时候，他总是带着一些文件，吃完饭还要继续工作。记得有一次，我问爸爸："爸爸，您为什么要这么辛苦地工作呢？"爸爸笑着摸摸我的头说："因为爸爸要给咱们家带来甜蜜的生活呀，就像小蜜蜂一样，采很多花蜜，才能酿出甜甜的蜂蜜。"

　　我觉得爸爸真的好厉害，我长大了也想成为爸爸这样的人，勤劳、有责任心，还能给家人带来幸福。

在孩子的心中，爸爸是家庭的守护者，是孩子成长道路上的坚强后盾。爸爸通常负担家庭的经济来源，他认真工作不仅仅是为了自己的事业，更是为了家庭的日常生活。无论是在办公室里忙碌地处理文件，还是在田间地头辛勤地耕作，都体现了对家庭深切的关怀和强烈的责任感。他希望通过自己的努力，为孩子提供一个稳定和充满爱的成长环

境，让你在无忧无虑中茁壮成长。

爸爸早出晚归，为了家庭的生计奔波劳累。他的付出，对你不仅仅是物质上的供给，更是精神上的滋养。他的坚持和努力，让你看到了责任和担当，让你学会了面对困难时不轻言放弃。

然而，爸爸的生活并不总是一帆风顺。在现代社会的高压环境下，他常常面临着巨大的工作压力。他可能需要长时间地工作，很少有与家人相聚的时光。

因此，你应该学会理解和包容爸爸。在他忙碌的背后，是一颗充满爱的心。即使有时候，他无法给予你期望中的关注和陪伴，那你也应该知道，父爱从未减少。为了家庭幸福，为了你健康成长，他已经付出最大努力了。

父爱如山，它沉默而坚定。在孩子的心中，爸爸是那棵为他遮风挡雨的大树，是他人生旅途中的坚强后盾。无论遇到什么困难和挑战，只要想到爸爸那坚实的臂膀，孩子就会感到无比的安心，心中升起无穷的力量。

爱的箴言

爸爸看上去总是很忙碌，像一只勤劳的小蜜蜂。他们的忙碌并不只是为了自己，而是为了我们这个家。

下次如果爸爸晚上回家比较晚，我会在他进门的时候，伸手将他的公文包接过来，并递给他一双家里穿的拖鞋，并且对他说："无论工作多么辛苦，都不要忘记照顾好自己。"

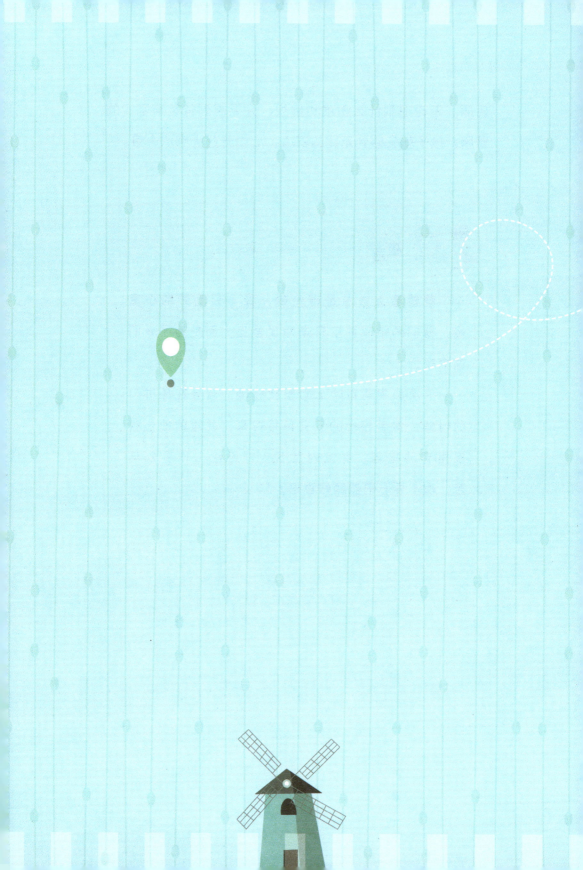

第 二 章

带我学习的爸爸是"博士"

谁会一直陪着我长跑？

我 的 日 记

　　今天，我要去参加学校的马拉松比赛。爸爸很早就起床，陪我一起热身，还给我准备了我最喜欢的早饭。他告诉我，马拉松就像人生，需要耐心和毅力。

　　比赛开始了，起初我跑得很快，但渐渐地，就感到有点累了。这时，我看到爸爸在赛道边为我加油，他的笑容让我充满力量。我告诉自己，不能放弃，要像爸爸一样有毅力。

　　虽然最后我没有取得好名次，但我坚持跑完了全程。爸爸给了我一个大大的拥抱，他说我做得很棒，因为他看到了我的努力和坚持。我感到非常开心，因为我知道，无论我做什么，爸爸都会在我身边支持我。

在人生这条漫长的跑道上，你就是一名勇敢的马拉松选手，怀揣着梦想与希望，踏上了这场似乎没有终点的旅程。而在这条路上，有一位特殊的观众，他的目光始终跟随着你，那就是你的爸爸。

　　从你蹒跚学步的那一刻起，父爱便如同一盏明灯，照亮你前行的方向。这份爱，不似母爱那般温柔细腻，却有着独特的坚韧与深沉。它往往在不经意间展现出来，却无时无刻不在影响着你成长。

想象一下，一个阳光明媚的周末早晨，公园里，爸爸正陪着你学习骑自行车。你摇摇晃晃，偶尔会摔倒，但每一次爸爸都会及时扶住你，鼓励你再次尝试。在这个过程中，你学会了坚持，学会了勇敢面对困难。爸爸通过他的行动，传递了一个信息：无论人生路上遇到什么挑战，总有爸爸在身边支持你。

你日常生活的点点滴滴中都有爸爸的影子。比如，爸爸每天晚上都会给你讲故事，这不仅仅是一种亲子活动，更是一种智慧的传递。故事中的骑士、探险家、科学家等角色，激发了你的想象力和探索欲，也在无形中告诉你正义、勇敢和智慧的重要性。听爸爸讲故事的时光，成为你心中的宝贵记忆，那也是父亲给予你的精神财富。

在你受教育的过程中，爸爸同样扮演着关键角色。当你做错事时，爸爸会耐心地解释那样做为什么是不对的，会引导你学会承担责任、树立正确的是非观念。他们不会因为你的一次错误就失望或生气，相反，他们会用理解和宽容的态度去引导你认识错误，并鼓励你改正。这种教育方式，让你学会了坦诚和勇气，也让你懂得了每个人都会犯错，重要的是能从中学习和成长。

当你逐渐长大，开始自己的探索和冒险，会遇到更多挑战和困难，但儿时的记忆如同一笔宝贵的财富，提醒着你：无论人生路上遇到什么样的风雨，总会有一个人给予你无尽的支持，这个人就是你的爸爸。这份支持，如同马拉松途中的补给站，让你在每一次疲惫时都能找到力量的源泉。

在我们的人生旅途中，总有一双粗糙却温暖的手，在我们的身后默默撑起一片天。无论我们遇到什么，或发生什么事，身边总有一个熟悉的身影——那就是爸爸。

为了感谢这位"陪跑员"，我们不妨抽一个时间和爸爸一起到户外跑一跑，在跑完之后与爸爸交流一下，并告诉他："虽然我现在跑得还不快，但我知道，一直有您在陪着我。"让爸爸感受到我们对他的爱意，让他知道我们感受到了他的陪伴。

爸爸是如何帮助我学习的？

我 的 日 记

今天，爸爸教了我一个很重要的学习秘诀，那就是"温故而知新"。

爸爸说："温故，就是复习以前学过的知识；知新，就是通过复习，能够感悟出新的东西。"他告诉我，学习就像搭积木，如果我们不把底下的积木搭稳，上面的积木就很容易倒下来。复习就是检查底下的积木搭建情况，确保它们都是牢固的。

我觉得爸爸说得很对。以前，我总是急着学新的东西，但是很多旧知识我都没有掌握牢固。结果，考试的时候，我记不清很多本来应该知道的东西。

从今天开始，我要听爸爸的建议，每天都复习一下学过的知识。这样，我就能获得新的理解与体会，更好地理解新的知识。

东东是一个活泼可爱的孩子，但他也有一个跟许多小朋友一样感到头疼的问题——害怕考试。每当考试临近，东东就会变得焦虑不安，心里充满恐慌。他总想往小脑袋里装各种公式和词汇，但就是记不住。眼看这次重要的考试又要到了，东东的心情变得紧张起来。

　　在这个关键时刻，东东的爸爸站了出来。他并没有因为工作忙碌而忽略儿子的情绪，而是放下了手中的事务，专心陪伴东东一起面对这个挑战。他知道，父爱的力量是

我们来看一下这道例题……

伟大的，它能够给予孩子无尽的勇气和信心。

　　每天傍晚，当夕阳洒满小屋，爸爸便会坐在东东的书桌旁，耐心地帮他复习。他先仔细询问东东在学校学到的内容，然后再根据东东的回答，有针对性地进行辅导。爸爸的声音总是那么温和，即使东东偶尔回答不上来，他也从不急躁，而是鼓励东东慢慢思考，直到找到答案。

　　在这个过程中，爸爸不仅仅是在教东东知识，更重要的是，他在用行动告诉东东：无论遇到什么困难，爸爸都会在你身边，陪你一起面对。这种无声的支持，让东东感受到了父爱的力量，他的心中渐渐充满安全感和自信心。

　　东东在爸爸的帮助下，不仅掌握了学习的方法，还学会了如何面对压力，如何在挑战面前保持冷静。考试的那天，东东走进考场，心中不再像之前那么慌乱，取而代之的是坚定和平静。

　　考试结束后，东东兴奋地跑出考场，一下子扑进了爸爸的怀里。他告诉爸爸，感觉自己这次考试考得很好，感谢爸爸这段时间的陪伴和辅导。爸爸听后，脸上露出了欣慰的笑容。

在学习旅途中，我们并不孤单，因为爸爸总是陪在我们身旁，用他的经验教导我们，帮助我们更好地学习。

为了回报爸爸一直以来对我们学习的关注，我们要更加努力，好好复习，争取在下一次考试中给爸爸一个惊喜，怎么样？当然，我这里说的惊喜可不是"零鸭蛋"哦，而是"一百分"！

爸爸为什么喜欢带我去各种展馆？

我的日记

爸爸工作很忙，但他总是想办法抽出时间带我去看世界。他说，书本上的知识很重要，但是亲眼看到、亲身体验到的东西，会让我们记得更牢，感受更深。

上个周末，爸爸带我去了自然博物馆。那里有好多好多我从没见过的动物和植物，还有恐龙化石呢！我看到了巨大的鲸模型，还有五彩斑斓的蝴蝶标本。还有一次，我们去了科技馆。那里有很多互动的场景，我亲手做了小实验，还看了机器人表演。

爸爸告诉我，世界上还有很多像博物馆和科技馆一样有趣的地方，比如古老的城堡、美丽的海滩、高高的山峰等等，只要我们有好奇心，有探索的心，就能发现世界上的美好。

请试着想象一下，你手中有一张地图，上面标记着世界上许多有趣的地方。你很好奇，想尽快踏上奇妙的旅程，去探索这个世界的奥秘。你也很幸运，因为在探索之路上，你并不孤单，爸爸总会陪伴着你，他不仅给予你冒险的勇气，还能教会你如何欣赏旅途中的每一处风景。

小明的爸爸带他去历史博物馆。在那里，他们看到了从文化遗址中出土的文物，上面刻着很久远的文字。爸爸耐心地跟他解释这段文字的内容，以及当时的历史背景，这让小明对这段古老的历史充满好奇。

　　小华的爸爸带她去天文馆，那里有太阳系的模型。小华在爸爸的鼓励下，尝试了许多新奇的体验，她感到非常兴奋和快乐，不仅学到了知识，还感受到了父亲对自己的爱。

　　世界就像一部厚重的书，每一页都充满知识和故事。爸爸就像一位智慧的向导，带着你一页一页地翻阅，发现书中的宝藏。爸爸如一艘坚固的船，载着你在知识的海洋中航行。即使遇到风浪，你也不用怕，因为爸爸会保护你，引导你前行。

　　小朋友，世界真的很大，充满无数等待你去探索的奥秘。有了爸爸的陪伴，你就可以从容地探索世界，也能更有效地学习、更快乐地成长。

爱的箴言

　　在探索世界的过程中，爸爸牵着我们的手走过了一个又一个展馆，游览了一处又一处风景。在我们感到迷惑不解的时候，爸爸总是适时地出现，就像我们探索世界的导航。

　　小朋友，下次如果爸爸带你去博物馆或其他场馆的时候，你能不能让爸爸休息一会儿，换你来给他讲自己知道的事。相信爸爸一定会为你感到自豪与骄傲的。

你的爸爸也经常带你做实验吗？

我 的 日 记

　　爸爸总是说："书本是死的，但生活是活的。"他不喜欢我整天坐在书桌前，常常带我做一些有趣的小实验。

　　记得有一次，我们找来了一些芹菜和红色的水，把芹菜的茎放在水里。过了一会儿，芹菜的叶和茎竟然都染上了点点红色！爸爸告诉我，这是因为植物的茎里有管道，可以输送水分和营养。还有一次，我们将小苏打和醋混合，结果真的像火山喷发一样喷出了泡沫！爸爸解释说，这是因为小苏打和醋发生了化学反应。

　　这些实验不仅好玩，还让我学到了很多知识。爸爸说，生活中到处都是科学，只要我们用心去观察、去实践，就能学到更多。

在一个宁静的小村庄里，有个聪明的小男孩，名叫小杰。小杰的爸爸李先生是一位温文尔雅的中学教师。其他孩子的爸爸总是督促孩子埋头苦读，李先生则不同，他更倾向于通过生活实践来教育小杰。放学后，小杰总期待着与爸爸的"实践活动"。

某个春日午后，李先生并没有像往常一样带小杰去图书馆，而是直接带他去了菜市场。市场上熙熙攘攘，各种声音交织在一起。李先生首先教小杰挑选新鲜的蔬菜，他们细致地观察每一片叶子、每一颗果实。小杰学会了辨别食材的新鲜程度，并了解了不同蔬菜的生长周期和营养价值。

接着，李先生引导小杰用自己攒的零花钱购买了一些菜。他们讨论了预算与选择，这是小杰第一次实际运用数学知识进行实践。回到家中，李先生并没有让小杰直接做作业，而是指导他一起下厨。在厨房里，小杰学习了备菜技巧、如何安全使用厨具以及调味技巧等。每一道工序都充满学问。

午饭后，李先生带着小杰走到后院，他们一起动手制作了一个简易的日晷。李先生详细解释了日晷的原理。小杰被这种既古老又精妙的计时方法深深地吸引。

这样的日子一天天过去，小杰在爸爸的引导下，学会了许多生活技能和科学原理。他开始意识到学习不能仅仅局限于书本知识，更要将知识应用到生活中，通过动手操作、实验和体验，深化对知识的理解与运用。

随着时间的流逝，小杰逐渐长大，他的思考也更加深刻。有次他在学校的科技展中，利用和爸爸一起制作的日晷，向同学们讲解了相关的科学知识，展示如何通过实践获取知识，获得了师生们的一致好评。

小杰的成长离不开他爸爸的悉心教导。正是这些看似简单的生活实践，培养了他独立思考和解决问题的能力，也让他体会到了学习的乐趣。更重要的是，在这个过程中，小杰深刻感受到了爸爸的爱——那种不仅仅是提供物质支持，更是充满智慧和时间投入的爱。

年复一年，小杰越来越能够理解爸爸让他动手操作的初衷。他明

白，爸爸之所以坚持"实践教学"，是因为他希望自己学会生活技能，学会面对世界的正确态度和方法。通过这些共同参与的活动，父子之间的关系也日渐密切。小杰深知，无论将来走向何方，这份深厚的父爱将是他不断前行的动力。

后来，小杰不仅在学业上取得了优异的成绩，而且他的生活能力和独立思考能力也让他在同龄人中脱颖而出。每当谈及自己的成长经历时，他总是满怀感激地提到爸爸的教育和陪伴，以及那些共同完成的小实验和日常实践，这些都深深地铭刻在他的记忆中。

爱的箴言

　　爸爸的小实验，是爸爸陪伴我一起探索未知世界，他拉着我的手，一步一个脚印地走向科学、走向自然。

　　为了感谢爸爸长期的陪伴，体谅他工作、生活的不易，小朋友，首先找个机会，自己制作一张贺卡，上面写上对爸爸的祝福，然后送给他，好吗？最后，让我们对亲爱的爸爸道一声"辛苦啦"。

为什么爸爸说 "犯错并不可怕"？

爸爸说，每个人都会犯错，就连他这个年纪的人，有时候也会犯错，更何况是小孩子。但是，犯错不可怕，重要的是要能够总结错误，争取以后不再犯同样的错误。

为了纠正学习中的错误，爸爸教我使用错题本。每次我做作业或者考试有出错的题目，他都让我把错题抄在本子上，然后我们一起分析为什么会出错，怎么改正。爸爸还说："总结失败的教训也很重要。就像我们玩游戏输了，不开心是正常的，但是我们要从失败中找到原因，下次才能赢。"

我觉得爸爸说得很对。以前我做错了题目，就是很沮丧，但是现在我知道了，错误是我最好的老师。只要我不怕犯错，勇于面对，认真总结，就会变得越来越强。

在一个宁静的小镇上，有一个聪明好动的小男孩，名叫阿志。他有一双充满好奇的眼睛和一颗勇于探索的心。然而，和所有孩子一样，阿志在成长的道路上也遇到挫折和失败。但幸运的是，他有一位聪慧而有耐心的爸爸，用细腻的父爱引导着他学习面对错误，并从中汲取力量。

　　有一次期末考试，阿志考得并不好，数学与英语竟然都没及格。回去后，当爸爸问他成绩的时候，他很担心这样的成绩会让爸爸失望，甚至招来批评与责骂。于是，他谎报成绩，说自己考得很好。

　　爸爸没有怀疑阿志。然而，谎言终究是会被识破的，在家长会上，爸爸得知了真实情况。

回到家后，爸爸并没有责怪阿志，而是耐心地将他叫到了一边。阿志紧张极了，因为他知道爸爸一定知晓了真相。谁料，爸爸心平气和地问："阿志，你这次是不是有两门没及格？"

阿志点了点头，令他没想到的是，爸爸并没有生气，甚至在知道自己欺骗了他时也没有动怒，而是教导他，一次考试没考好并没有什么关系，只要总结经验教训，下次争取不再犯同样的错误就行了。但阿志说谎就不对了，人总得为自己的错误承担责任。

事后，爸爸对阿志说："这次你犯错了，没关系，人非圣贤，孰能无过，但是爸爸希望你下次不要再犯同样的错误。无论考得怎么样，都要诚实地将结果告诉爸爸，好吗？"

阿志吸了吸鼻子，重重地点了点头。他感受到，父爱就像一盏明灯，不仅照亮了自己前方的路，更指引着自己做一个诚实守信的人。

岁月流转，阿志慢慢长大。每一次回望，他都能感受到爸爸那细腻而坚定的爱，在他的成长道路上发挥着不可替代的作用。无论是错题的反复练习，还是共同度过的每一个珍贵瞬间，都让阿志深深体会到：犯错不可怕，可怕的是一错再错；真正的失败，不是跌倒，而是拒绝站起来。

如今，阿志已经成长为一个勇敢、坚韧、充满爱心的青年，并且多次在市里的竞赛中获得优异成绩。每当谈及自己的成长经历，他总是满怀感激地说："爸爸不仅教会我使用错题本，更重要的是，教会了我总结失败的经验，面对生活的挑战。这份父爱，坚实而温暖，永远支撑着我前行。"

实际上，你的爸爸也和阿志的爸爸一样，教你学会面对错误，勇于探索，最终成就更好的自己。对于你来说，理解并感受这份爱，将会是你人生旅程中最宝贵的财富。

爱的箴言

我们犯了错，爸爸大部分时候会对我们很有耐心，让我们深刻意识到自己的错误并加以改正，而不是一通批评。因为他知道，批评再怎么严厉，也解决不了问题，他想看到的是，我们今后不在同一个地方犯错。

下面，就请仔细想一想，我们之前做过哪些错事让爸爸不开心呢。找个机会跟他真诚地道个歉，好吗？

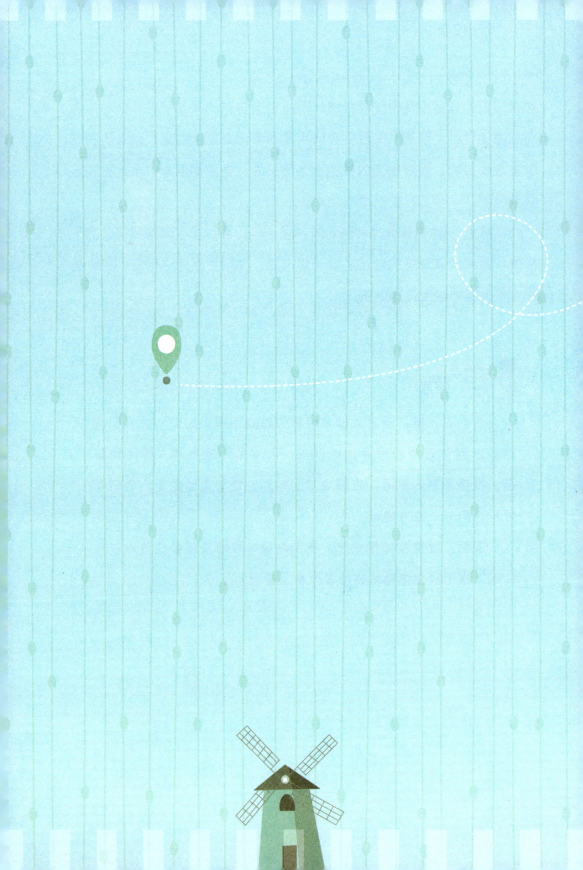

第 三 章

爸爸最爱我们这个小家

爸爸对家庭的爱，体现在哪？

我 的 日 记

　　每天早晨，爸爸总是最早起床，给我们准备早餐。虽然他不是大厨，但他做的煎蛋和烤面包总是那么美味。吃过晚饭之后，我总能看见爸爸和妈妈一起做家务。他们有时候会互相开玩笑，笑得好开心。晚上，我们一家人会一起看电视、聊天儿，分享一天的趣事。爸爸总是耐心地听我说学校里发生的事情，然后给我建议。

　　有一次，妈妈生病了，爸爸就忙前忙后照顾妈妈，还给她煮好喝的粥。我看到了爸爸眼里的担忧，但他总是笑着安慰妈妈。

　　爸爸没有对我说过"我爱你"，但他的每一个小动作，都能让我感受到爱。

在一个充满爱的家庭里，父爱就像太阳一样，给予我们温暖和光明。它不仅仅体现在言语上，更多的是体现在日常行为中。

小明的爸爸虽然每天晚上加班到很晚，但是每天都是第一个起床，然后用最温柔的声音叫醒他。小明深知爸爸的不容易，希望他能有充足的睡眠，于是多次向爸爸提议："爸爸，每天都有闹钟来叫醒我，你可以多睡一会

儿。"

这时候，爸爸总是摸着小明的头，温柔地说："爸爸当然知道，但是闹钟的声音很刺耳。爸爸想，如果你每天从这样的声音中醒来，心情肯定会不好吧。"

小明这才恍然大悟，爸爸的爱原来这样细腻，顿时觉得爸爸的身形更加高大了。

还有一天，天气突然变得阴沉，接着下起了大雨。小明的妈妈早上出门时没有带伞，因为那时候天气还是晴朗的。爸爸在家中望着窗外的大雨，立刻意识到妈妈可能会被雨淋湿。

爸爸迅速找出两把雨伞，一把留给自己，一把准备给妈妈。然后，他拿起车钥匙，决定开车去妈妈的办公室接她下班。尽管雨下得很大，交通可能因此变得拥堵，但爸爸还是决定去接妈妈，因为他不想让妈妈淋雨回家。

爸爸到达妈妈的办公室后，递给妈妈一把雨伞，并告诉她："下雨了，我来接你回家。"妈妈被爸爸的细心和关爱深深感动，她的同事们也羡慕地看着这一幕。

爸爸妈妈一起回来的时候，小明透过窗户看到爸爸，内心感受到了爸爸对妈妈深沉的爱。他也明白了，爱意味着在对方需要帮助的时候给予支持，能够充分考虑对方的立场和感受。

爸爸就像一棵大树，为家庭成员遮风挡雨，提供庇护。无论遇到什么困难，有爸爸在，就有一个安全的避风港。父爱也是支持你成长的重要力量。在你探索世界、学习新知识的时候，爸爸总是在旁边鼓励你，给你信心。

爱的箴言

　　爸爸的爱，是一种倾听，是一种默默的支持。无论我们在外面遇到什么风雨，爸爸总会用他宽厚的肩膀和身躯，为我们提供一个可以遮风避雨的港湾，这个港湾就是家。

　　小朋友，我们也关心一下爸爸，好吗？比如，在周末的时候，我们就让他好好休息，然后自己将家里打扫一遍，尝试去扫地、拖地、擦桌子、倒垃圾……毕竟，这些都是我们力所能及的事情。

我也有责任吗？

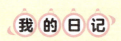

我 的 日 记

　　爸爸说，我们每个人都是家里的一分子，所以每个人都要有责任心。他告诉我，就像他工作赚钱养家，妈妈照顾我们的饮食起居一样，我也有自己的责任。

　　爸爸还给我举了个例子，如果我记得按时给家里的小花浇水，它就会长得很健壮；如果我忘记了浇水，花就会枯萎。这就是我对小花的责任。

　　我听了爸爸的话，觉得非常有道理。以前我总觉得自己是小孩子，不需要做什么，但是现在我知道了，每个人都有自己的责任，即使是小小的我，也需要为家里做一些事情。

　　爸爸说，有责任心的人才会得到别人的信任、尊重。所以，我也要像爸爸一样，成为一个有责任心的人，让爸爸、妈妈和老师都为我骄傲。

在一个温馨的家庭里，每个成员都扮演着不同的角色，而每一个角色都承担着一份不可推卸的责任。这份责任，如同家庭的基石，稳固而坚定，让家成为一个充满爱的港湾。

爸爸作为家庭的顶梁柱，他的责任是沉重的，也是光荣的。每天清晨，当第一缕阳光透过窗帘洒在床头，爸爸便开始了新一天的忙碌。他的双手，不仅支撑着整个家庭的经济来源，更给予了家人无尽的安全感；他的后背，成为家人们心中最坚实的依靠。

记得有一次，家中的水管突然破裂，水流如注，妈妈焦急万分。这时，爸爸沉着冷静地处理着一切，他迅速关闭了总阀门，然后联系了修理工。在整个过程中，他不仅没有一丝慌乱，还用平静的声音安慰着妈妈和小华。那一刻，小华深深地感受到了爸爸对家庭的责任，以及他在危急时刻所展现出的冷静和智慧。

　　除了家中的突发事件，日常生活中的点点滴滴也体现了爸爸的责任心。周末，爸爸总是会抽出时间陪伴小华，无论是去公园放风筝，还是在家中一起动手制作玩具，他总是陪伴小华做小华喜欢的事。

　　爸爸的责任还体现在对小华的教育上。他不只是关心小华的学习成绩，更注重培养他的品德和责任感。每当小华遇到困难时，爸爸总是第一个站出来鼓励和支持他。他告诉小华："无论遇到什么挑战，都不要害怕，因为你不是一个人在战斗，我们永远是你最坚强的后盾。"这样的言语，如同春风化雨，潜移默化地影响着小华的成长。

　　在爸爸的影响下，小华也开始学习承担责任。他会主动做一些力所能及的家务，如扫地、擦桌子等。虽然这些事情看似微不足道，但对于小华来说，这是他学习承担责任的开始，也是对爸爸的一种回报。他明白，家庭责任源于对家人的爱，每一次尽责都是对家的温暖守护。

　　家庭是社会的细胞，而责任是维系家庭和谐的纽带。幸福的家庭，离不开家庭中每一个成员的努力，特别是那位默默付出、尽职尽责的爸爸。

　　成为一个富有责任感的人，就是对爸爸最好的回报方式。

爱的箴言

　　爸爸总是用实际行动教导我们成长。在家里，每个成员都负有家庭责任，我们都是家庭的一分子。我们在爸爸妈妈的呵护与关爱下，逐渐成长为一个"小大人"。

　　小朋友，我们也该承担起作为家庭中一分子的责任，比如自己的事情自己做，每天早上起来，把自己的被子叠好，把房间整理干净。爸爸看到后，也会很高兴的。

谁是我最好的榜样？

我的日记

爸爸总是说："榜样的力量是无穷的，要向优秀的人学习。优秀的人就像灯塔，照亮我们前进的路。"那么，谁应该成为我的榜样呢？对，是爸爸！

记得有一次，爸爸带我去公园玩，一个老奶奶摔倒了，爸爸立刻跑过去扶她起来，还帮她捡起了散落在地上的东西。老奶奶很感激。爸爸对我说："帮助别人是我们应该做的，每个人都可能遇到困难，需要别人的帮助。"

爸爸还让我认真学习，就像他自己一样。爸爸在家里也会看书学习，不懂的地方还会查资料，直到弄明白。他说："学习没有尽头，我们要活到老，学到老。"

在这个世界上，每个孩子都需要在心中树立一个榜样。这个榜样可以是爸爸、妈妈、老师或者是你所崇拜的任何人。然而，许多孩子会把爸爸当成第一位榜样。榜样的力量是无穷的，他能够影响你的一生。

晓东非常崇拜他的爸爸。他的爸爸勤奋、负责，总是能够在工作中取得很好的成绩。而且，爸爸还是一个善良的人，乐于帮助别人。晓东深深地被他爸爸身上的光芒所

吸引，决定要像爸爸一样，成为一个优秀的人。

晓东以爸爸为榜样，开始努力学习，希望能够在学业上取得好成绩。他还主动帮助别人，希望自己成为一个善良的人。他的努力也没有白费，成绩逐渐提高，也赢得了同学们的尊重和喜爱。

然而，晓东并不满足于此，而是希望像爸爸那样优秀。于是，他开始观察爸爸，模仿他的行为和对待问题的态度。他发现，爸爸在面对突发情况时总是能够保持冷静，也总是能够在压力下保持乐观的态度。晓东决定学习这种态度，在面对困难时迎难而上、积极进取。

随着时间的推移，晓东逐渐长大了，成为一个优秀的青年，成绩优异，人品也很好。他的同学都非常羡慕他，都想知道他是如何做到如此优秀的。晓东告诉他们，秘诀就是向爸爸学习。

在这个世界上，有许多像晓东一样的孩子。他们需要一个榜样，需要一个可以让他们模仿的人。爸爸往往就是他们最好的榜样。

　　向优秀的人学习是最好的成长方式之一。很多时候，爸爸就是我们生活中最好的榜样。爸爸这个榜样是温暖的，是有爱的，就像一座高山，矗立在那里，能够时刻被我们看到。

　　小朋友，有些时候，我们可不可以也给爸爸做个榜样呢？比如好好学习，拿着好成绩给爸爸看；在爸爸累了一天回到家或者感到烦心的时候，我们陪伴在爸爸身边，告诉他"不要怕，因为有我在"。这样的自己一定也会像爸爸一样酷呢！

为什么说退让也是一种爱？

 我 的 日 记

爸爸说，在和小朋友一起玩耍的时候，可能会遇到一些小矛盾，比如争抢玩具，或者玩游戏时意见不合。这时候，如果我们能够退让一下，就能避免很多不必要的争吵。

我想了想，觉得爸爸说得对。上次我和小明凑钱在商店买零食抽到了一张卡，我们都想要，结果争抢之中卡被我们俩撕坏了，最后谁也没得到那张卡。如果我当时能够退让一下，让小明拿着，那么卡就不会被撕坏了。

爸爸还说，退让不是软弱，而是一种智慧。它能够让我们和别人相处得更好，也能让我们的心胸变得更加宽广。

小松的爸爸是个温文尔雅的中年人，他不仅在工作上成绩斐然，而且在家庭教育上也有独到的见解。他常常告诉儿子，与人相处时能退让就退让，因为退一步，你会发现世界变得更加宽广和美好。

有一次，小松在学校与同学发生了争执。他坚持自己的观点，不愿让步。回家后，他依然情绪低落，并将这件事告诉了爸爸。爸爸听后，没有立即评判对错，而是耐心地引导他去思考：如果双方都能稍微退让一些，是否能找到双赢的解决方案？

小松沉思良久，最后明白了爸爸的用意。第二天，小松主动向同学道歉并提出了和解的建议，结果两人不仅化解了矛盾，还成为要好的朋友。

　　这件小事看似平常，却深深地影响了小松。他开始意识到，爸爸之所以能够在工作和生活中游刃有余，是因为他总是从大局出发，不拘泥于一时的得失。爸爸这种懂得退让、主动化解矛盾的态度，也教会了小松如何以智慧和宽广的胸怀去面对问题。

　　同时，小松对爸爸充满感激之情。他感谢爸爸在他成长的道路上，给予了如此宝贵的人生指导。他决定将这份智慧和爱传递给更多的人。

　　于是，小松在学校里成为一个小小的和平使者。每当同学们发生争执时，他总是第一个站出来，用他从爸爸那里学来的智慧去调解矛盾。他告诉发生争执的同学："退一步，海阔天空。我们可以争吵，但也可以拥抱和解。"他的话语简单却充满力量，让许多同学受益匪浅。

　　小松的班主任也注意到了他的变化，决定在班会上分享这个案例，鼓励更多的学生学会宽容和理解。小松站在全班同学面前，讲述着自己的经历和感悟。他的眼中闪烁着成熟的光芒。

多年后，小松成为一个受人尊敬的青年。他不仅学业有成，更重要的是，学会了用宽广的胸怀去包容世界。

亲爱的小朋友，你要知道，当你学会退让时，生活中的许多难题都会迎刃而解。

爱的箴言

小朋友，退让是人与人之间的润滑剂，发生冲突和误解在所难免，退让一步，以感恩之心化解矛盾，是智慧的体现。不仅仅是与朋友相处时需要退让，如果能够在与爸爸的争执中先退一步，不仅是一种成熟的表现，更是对父爱恩情的深刻感悟，心怀感激，方能彼此理解。退让不是软弱，而是力量的象征，是我们懂得感恩的一种表现。

和爸爸吵架之后会怎样？

我的日记

上午，我因为贪玩，没有按时完成作业。爸爸检查作业的时候发现了，他很生气，说我没有责任心。我听了之后很生气，因为我觉得自己想多玩一会儿没什么错。我们两个就这样你一句我一句地吵了起来。

吵完架后，我躲在房间里，心里很不是滋味。后来爸爸因为公司有事出去了，我将自己关在了房间内。

晚上，爸爸回来了，他把我拉到身边，对我说："儿子，爸爸也有不对的地方，教育你的时候没有足够的耐心，以后我会注意的。"我听了爸爸的话，眼泪都快掉下来了。

小明生活在一个幸福的家庭里，他有一个慈祥的妈妈和一个严厉的爸爸。虽然爸爸对小明要求严格，但小明知道那是因为爸爸对他的期望很高。

　　有一天，小明和爸爸因为一件小事发生了争执。小明觉得爸爸不理解自己，而爸爸则认为小明太任性。两人越吵越激烈，最后都气呼呼地回到了各自的房间。那天晚

上，小明躺在床上，心里充满委屈。他想，爸爸怎么这么不讲道理呢？

然而，就在小明越来越觉得委屈的时候，爸爸走进他的房间。爸爸坐在床边，轻轻地抚摸着小明的头发，说："孩子，我知道你今天很生气，有些话我说得过重了。但是，你知道吗？吵架并不可怕，可怕的是我们在吵架之后选择了冷漠。我愿意向你道歉，也希望你能理解我对你的期望。"

小明听着爸爸的话，心里的怨气慢慢地消散了。他意识到，爸爸之所以对他要求严格，是希望他能够成长为一个有担当、有责任心的人；而他们之间的争执，其实是沟通方式运用不当。

从那以后，小明和爸爸的关系变得更加融洽。他们不再因为一些小事而争吵不休，而是学会了相互理解和包容。

岁月如梭，转眼间小明已经长大成人。他成为一个优秀的青年，有了自己的事业和家庭。每当他回忆起童年的时光，都会想起那个夜晚爸爸对他说的话："孩子，吵架并不可怕，可怕的是我们在吵架之后选择了冷漠。"

在日常生活中，或许你也会与父母产生分歧和争执，但是请记住，比吵架更伤人的是冷漠。只有通过恰当的方式沟通并相互理解，你们才能真正停止争吵、化解矛盾。

爱的箴言

爸爸的胸怀，就像大海一样宽广，让我们在经历波涛汹涌后总能找到平静的港湾。和爸爸争吵，不过是我们生命中的小插曲，它不能抹去爸爸对我们那份深厚的爱，反而在冲突后的和解中，我们更能体会到父爱的宽广与坚韧。

所以，下次和爸爸发生争吵的时候，我们先向爸爸道个歉好吗？我们也要学会体谅爸爸，理解爸爸。

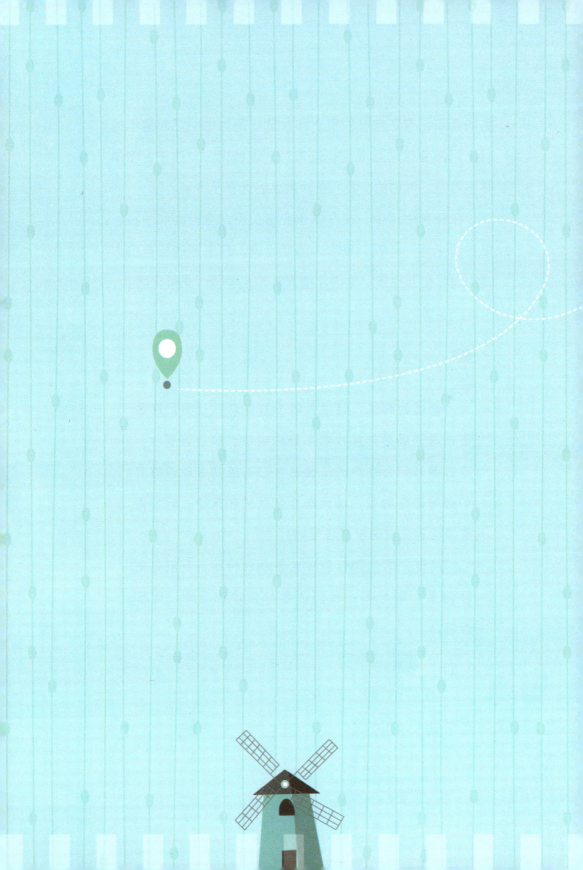

第四章

爸爸告诉我的那些事儿

什么才是推动一切的开始？

我 的 日 记

爸爸说，世界上有很多奇妙的东西等着我们去发现，就像探险家发现新大陆一样。只有我们对未知的东西感到好奇，才会想要去探索和学习。

爸爸举例子说："科学家因为对星星感到好奇，所以就用望远镜观察星空，并发现了宇宙的奥秘；发明家因为对机械感到好奇，所以就创造出了很多新奇的发明，让我们的生活变得更方便。"

爸爸还鼓励我，要对周围的世界保持好奇心。比如，当看到蚂蚁搬家，爸爸就让我想想它们为什么要搬家，是怎么搬的；当我看到彩虹时，爸爸就让我思考，彩虹是怎么形成的。

爸爸说，好奇心就像一把钥匙，能打开知识的大门。

好奇，是一切探索开始的前提。每个孩子的内心都藏着一团火，那是对世界的渴望和探寻的火种。而在成长的道路上，爸爸的陪伴与支持无疑是向那股好奇之火不断添柴的重要力量。对于幸运的你来说，爸爸不仅是你生命中出现的第一位老师，更是你勇于追梦的坚强后盾。

　　每当夜幕降临，星辰点缀天际，你总爱缠着爸爸让他讲故事。在这些故事里，有勇敢的骑士，有聪慧的科学

家，也有敢于冒险的探险家。这些故事不仅仅是夜晚的催眠曲，更是激发好奇心的种子，悄悄地播撒在你肥沃的心田上。

你渐渐长大，对周围的一切都充满好奇，并开始提出自己的问题：

"为什么天空是蓝色的？"

"为什么树叶会飘落？"

面对这些无穷无尽的"为什么"，爸爸从不厌烦。他耐心解释，有时还会带着你动手做实验，让知识不仅仅停留在理论层面，而变成一次次手摸得到、眼看得见的实践。

有一次，你在公园里看到了一群忙着搬运食物的蚂蚁，你好奇地问道："爸爸，蚂蚁为什么要这么努力工作呢？"

爸爸微笑着蹲下来，指着蚂蚁说："你看，蚂蚁的工作非常有序，这是因为它们有着很强的团队合作精神。每只蚂蚁虽然很小，但它们一起合作就能完成巨大的任务。这就像是我们人类一样，每个人都贡献出一点力量，我们的社会就会更加和谐和美好。"

这样的答案不仅满足了你的好奇心，更潜移默化地教育你要勤奋和团结。

岁月流转，季节更迭。你在爸爸的呵护下，逐渐长成挺拔的少年。你开始拥有自己的梦想，并为之努力。你知道，无论未来的路途多么坎坷，总有一份坚实的爱在支撑着你，那就是父爱。

爱的箴言

　　当我们对周围的事物充满好奇，不断提出问题时，总是能够获得爸爸耐心的解答与鼓励。他仿佛是一本生动的百科全书，用他丰富的人生经验为我们解惑，引导我们去发现生活中的奥秘。他的支持让我们明白，每一次探索都是成长的契机，是我们揭开世界面纱的钥匙。

　　下次，如果我们有了新的发现，把自己的新发现告诉爸爸，让他也感受一下我们的活力，好吗？

为什么爸爸要带我看星空？

　　今天晚上，爸爸带我爬上我们家的屋顶一起仰望星空。爸爸说，他要告诉我一些关于宇宙的事情。爸爸指着天空中的星星告诉我，我们看到的大部分星星都是比太阳大或者至少不比太阳小得太多的恒星，它们离我们非常非常远。爸爸还告诉我，人类已经登上了月球，发射了很多探测器去探索太阳系以外的空间。虽然宇宙很大，但是人类很聪明，一直在努力学习，并不断探索未知的世界。

　　我听了爸爸的话，感到好兴奋。我想，等我长大了，我也要做一个探索宇宙的科学家，去发现更多的秘密。

　　爸爸说，宇宙虽然很大，但是每一颗星星都有它的位置，就像我们每个人都有自己的价值一样。我们要像星星一样，发光发亮，做最好的自己。

在无垠的星空下，爸爸带着小路坐在开阔的田野中，他们仰望着那遥远的星辰。爸爸不仅是小路探索宇宙奥秘的引路人，更是传递着温暖父爱的心灵导师。正是这份特殊的爱，让小路的世界变得无限宽广，同时也教会小路珍惜生命中的每一分每一秒。

在小路的眼中，夜空中的星星像是点点闪亮的灯火，在黑暗中指引

着方向。而他的爸爸，就是那个让他勇敢站在黑夜中，向他揭示广袤宇宙真相的人。通过爸爸的引导，小路开始意识到宇宙是如此之大，大到令人难以想象；每颗星星都可能是一个遥远的世界，每个世界都拥有其独特的故事。

在一次深夜的观星之旅中，爸爸指着繁星点点的夜空，给小路讲述各个星座的故事、星星的诞生和死亡，以及宇宙深处的秘密。他用简单易懂的语言，将复杂的天文知识娓娓道来，让小路的想象随之翱翔于星际之间。这样的时光成了小路记忆中最宝贵的片段，每当小路回想起这些时刻，心中总是充满感激。

爸爸的话语中，不仅有对宇宙无限宏大的描述，还有对人生有限性的哲思。他告诉小路，与浩瀚的宇宙相比，人的生命显得极其短暂。然而，正是这种短暂，赋予生命以珍贵。爸爸鼓励小路珍惜现在，珍惜与家人共度的时光，珍惜每一次仰望星空的机会。

在小路心中，爸爸就像是宇宙中那颗最亮、最温暖的星。他的爱如同星光一般，照亮了自己的人生路，使自己在成长的道路上从未感到孤单。这份爱是深沉而强大的，它教会了小路如何面对生活中的困难与挑战，如何在茫茫人海中找到自己的方向。

岁月如梭，小路已经长大成为他人的导师，当他再次站在星空之下，他的内心充满感慨。他知道，是爸爸的爱让他成为今天的模样，是那无数次仰望星空的经历，塑造了他的世界观和价值观。他感激爸爸给予的一切，更感激那曾经在星空下的温暖陪伴。

在传承父爱的过程中，小路深刻认识到，真正的回报不仅仅是成就的展现，更在于将那份爱继续传递下去，让它成为引导后人的力量。因此，小路决定用自己的方式，继续讲述宇宙的浩瀚与生命的价值，让下一代感受到父爱的温暖与力量。

父爱如同一座桥梁，连接着过去与未来，传递着希望与梦想。它让孩子心怀感激，承诺将这份爱永远传承下去，让父爱的光芒穿越时空，照亮每一个在黑夜中前行的人。

爱的箴言

爸爸希望我们在那无垠的夜空下，感受宇宙的浩瀚与神秘，让我们的心灵超越日常的狭窄与限制。他用浑厚的声音，为我们描绘那些遥远星球的故事，告诉我们每一颗星星都有自己的轨迹和光辉，就像我们每个人的生命，独一无二且珍贵。

宇宙虽大，但每个人所能触及的世界都是很小的。宇宙是无限的，但每个人的生命是有限的。爸爸也会一天天老去，让我们从现在开始，珍惜和爸爸相处的每一天，好吗？

为什么要保护环境?

我的日记

今天，爸爸给我讲了好多关于地球的事情，他告诉我，我们要保护地球妈妈，因为她只有一个。

爸爸说，地球就像我们的妈妈一样，给我们提供了空气、水和食物，让我们能够存活。但是，现在有很多人不爱护环境，乱扔垃圾，污染了空气和水，伤害了地球妈妈。

爸爸带我看了一部关于地球的纪录片，我看到了很多美丽的风景，也看到了一些地方因为污染而变得很糟糕。爸爸说，如果我们不好好保护环境，那些美丽的风景就会慢慢消失。

爸爸教育我，要从自己做起，不乱扔垃圾，节约用水用电，多走路、少坐车，这样就能减少对环境的伤害。他还说，我们要多种树，因为树市可以净化空气，让地球变得更健康。

小杰有个坏习惯，只要在外面，无论什么垃圾，他都会随手一扔。而且，他一点儿都不晓得资源的珍贵性，洗手的时候，常常将水龙头开得很大，白白浪费了一些水不说，还弄得洗手台周围到处都是水。

　　在夏天，他房间里的空调总是一天到晚地开着，哪怕有时外面下雨已经很凉快了，他也不会主动去关，都是爸爸妈妈进他房间帮他关掉的。

　　这一天，小杰的爸爸决定找个机会和他好好谈谈，他将小杰带到了客厅，问："小杰，你知道吗？爸爸妈妈都

很爱你。"

小杰点了点头，说："是的，我能感觉到。"

爸爸又说："那么你爱爸爸妈妈吗？"

小杰又用力点了点头，脱口而出："当然爱啦。"

爸爸语重心长地继续说："那么你希望爸爸妈妈健康长寿吗？"

小杰不知道爸爸为什么这么问他，迟疑了一会儿，说："当然。"

爸爸又说："爸爸妈妈给你提供了一个家，一个舒适的港湾，希望能够一直开心地生活在这个家里，所以你会很爱惜这个环境，并且也希望爸爸妈妈健康快乐，是吧？"

随后，爸爸又将话题延伸了出去，说："其实，在我们每一个人的脚下，都有一个共同的家园，那就是我们的地球，地球妈妈也应该健康长寿……"

小杰耐心地听着爸爸的讲解，眉头逐渐皱紧。他这才意识到，原来地球上的每一个人都有义务爱护这个家园，都要保护好环境。因为地球是每一个人赖以生存的地方，如果我们不爱惜它，随手乱扔垃圾污染环境，浪费水资源等等，那么就像是在破坏自己的家。长此以往，地球就会不堪重负，会"生病"，到时，生活在地球上的每一个人都会受罪遭殃。

　　小杰的爸爸向他讲述了该如何保护环境。地球爱护它的孩子，就像爸爸疼爱小杰一样。这是一种不求回报的爱，是无私的爱。但是，这并不是说我们可以为所欲为，我们要好好爱惜这个家园。

　　爸爸用平和的语调，向我们解释了爱护环境的重要性，让我们知道每一片树叶、每一滴水都是这个世界不可或缺的一部分，正如我们每个人的存在一样重要。在户外散步时，他指引我们注意树上的小鸟和路边的野花，倾听自然的声音，感受生命的脉动。

　　小朋友，让我们从现在做起，不乱扔垃圾、节约用水用电吧，我们在保护环境的同时，也是在听爸爸的话。

为什么爸爸让我了解历史？

我 的 日 记

今天，爸爸带我走进了一个神奇的世界——历史的世界。

爸爸说，历史就像一部厚厚的书，里面记载了很多很多故事。有的让人开心，有的让人难过，但每一个故事都能教我们一些东西。他给我讲了古代的英雄，他们怎么勇敢地保护国家和人民；还有聪明的科学家，他们怎么用智慧改变了世界。

爸爸还告诉我，历史不仅仅是过去的事情，它还能帮助我们更好地理解现在，甚至预测未来。因为很多现在发生的事情，在过去都有过类似的情况。

我觉得历史真的好有趣，它让我知道人类是怎么一步步走过来的。爸爸说，了解历史，尊重历史，我们才能更好地前进。

在你的眼中，世界总是充满新奇与未知。然而，在这探索的过程中，一直有一个人在默默守护着你，他就是爸爸。他不仅是你生活的引导者，更是你心灵成长的引路人。通过讲述历史故事，爸爸将前人的经验和教训传递给了你，让你茁壮成长。

历史是一面镜子，它能映照出人类社会的发展脉络，也能反映出个体命运的起伏。对于你而言，历史的重要性

可能难以完全领会，但通过爸爸的引导，历史变得生动而有趣，不再是枯燥无味的年代记载。有时候，你坐在爸爸身旁，聆听那些古老的故事，心中涌动起对知识的渴望和对未知世界的好奇。

爸爸讲述的历史故事包罗万象，从古代的英雄传说到近代重大事件，从伟大的发明创造到深刻的社会变革。他的语言简洁明了，情节跌宕起伏，仿佛将你带入了一个个活生生的历史场景。你听得津津有味，眼中闪烁着兴奋的光芒，心灵在这些故事中得到了洗礼，智慧之花悄然绽放。

你是否还记得，有一次，你和弟弟吵架了，吵得非常凶，你还信誓旦旦地说，要与弟弟绝交。到了下午，你心情稍微平静的时候，爸爸把你叫到书房，讲了曹丕和曹植二人的故事。

故事发生在三国时期，曹丕和曹植都是曹操的儿子。曹操死后，曹丕继承了曹操的基业，成为魏国的开国皇帝。曹丕妒忌弟弟曹植的才华，就故意刁难他，让他七步成诗，作不出来就要被处死。但是，曹植才华横溢，很快就作了一首诗：

煮豆燃豆萁，豆在釜中泣。

本是同根生，相煎何太急！

这首诗把兄弟二人比喻成豆子和豆萁，豆萁在锅下燃烧，豆子在锅中哭泣，兄弟相互伤害，对谁也没有好处。

　　就是这样，在讲历史故事的过程中，爸爸总是巧妙地融入前人的经验和教训。他告诉你，历史是由无数个选择和决定交织而成的，每一个决策背后都蕴含着智慧或警示。他鼓励你从前人的成功中汲取力量，从前人的失败中吸取教训，从而在未来的人生旅途中少走弯路。

爱的箴言

　　爸爸让我们了解历史，这背后隐藏着他对我们深沉的爱与期望。历史是一面镜子，它反映了人类社会发展的曲折。通过学习历史，我们能从中获得启示，汲取经验教训，以便在未来的人生旅途中行进得更加稳健。

　　历史是宏观的，每个人所站的角度不同，看到的历史也不一样。找个机会，我们也向爸爸分享一下自己的历史感悟吧。

爸爸也有他的历史吗？

我的日记

今天，爸爸跟我分享了他的童年和青春故事，我听得津津有味。

爸爸告诉我，他小时候住在一个小镇上，那里有很多小伙伴，他们一起玩耍，一起探险。他们去河边捉小鱼，爬树摘果子，还会在田野里放风筝。虽然那时候没有现在这么多玩具和电子游戏，但他们总能想出很多好玩的游戏。我听了爸爸的故事，很羡慕。我也很想像爸爸小时候那样，和朋友们一起在大自然中玩耍，体验那种简单而纯粹的快乐。

爸爸说，虽然时代变了，但我们追求快乐和梦想的心是一样的。他鼓励我，要珍惜时光，勇敢地追求自己的梦想，不管遇到什么困难都不要轻言放弃。

在一个阳光明媚的下午，爸爸坐在公园的长椅上，晓桦在他身边嬉戏玩耍。突然，晓桦停下了脚步，好奇地抬头看着爸爸，问道："爸爸，你小时候是怎么样的呢？"这个问题让爸爸陷入了沉思，他开始回忆自己曾经的经历。

爸爸告诉晓桦，他小时候也和晓桦现在一样，充满好奇和探索的欲望。他曾经是一个调皮捣蛋的小男孩，总是

哇！爸爸，你那时候比现在还要酷。

喜欢到处乱跑，寻找新奇的事物。但是，无论他走到哪里，爷爷总是默默地跟在他的身后，保护着他。

爸爸还回忆起一个特别的经历。那是一个夏天的傍晚，他和几个小伙伴一起去河边捉鱼。他们兴奋地跳进河里，忘记了时间和危险。突然，一股急流冲过来，把他们都卷进了水里。就在大家都惊慌失措的时候，爷爷出现了。他跳进水里，用尽全力将他们一个个救上岸。那一刻，爸爸深深地感受到了父爱的力量。

爸爸还告诉晓桦，他在成长的道路上，也曾遇到过很多困难和挑战。有时候，他会因为一些事情感到沮丧和失落。但是，每当这个时候，他的爸爸总是会出现在他身边，给他鼓励和支持。爸爸说："爸爸也曾年轻过，也有过和你一样的困惑和迷茫。但是，正是因为有了我的爸爸的爱和陪伴，我才能够在成长的道路上勇敢地前行。"

晓桦听得津津有味，也明白了，原来爸爸也曾年经过，也有过和自己一样的烦恼和快乐。

晓桦深受感动，紧紧抱住了爸爸的腰，感激地说："爸爸，谢谢你一直以来的陪伴和关爱。我会永远记得你给我讲的故事，也会珍惜我们在一起的时光。"爸爸微笑着摸摸晓桦的头，心里充满欣慰和满足。

之后，晓桦更加珍惜和爸爸在一起的时光，也更加感激爸爸一直以来的陪伴和关爱。

爱的箴言

爸爸和我们一样，也曾年少过、年轻过，也曾和我们一样调皮捣蛋。但他现在有了我们，便脱去了少年的外衣，变得沉稳与成熟。这都是因为爸爸对我们的关爱与责任，促使他蜕变成现在这般性格。

如果有机会，不妨让爸爸给你找找他以前的照片，这样我们对爸爸也能多一点理解。

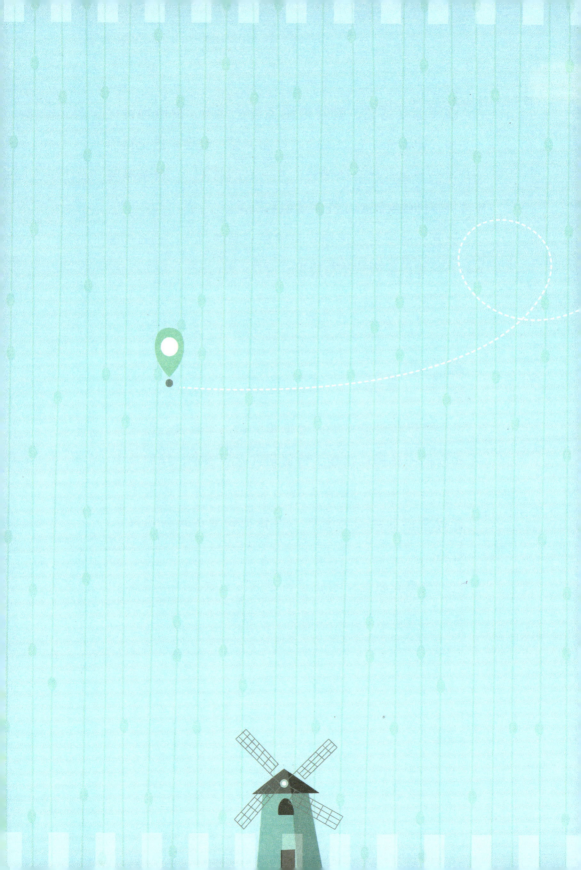

第五章

爸爸教会我的道理

什么才是生活的意义？

我 的 日 记

今天，爸爸带我到公园玩。我们坐在长椅上，爸爸问我："宝贝，你知道世界上最珍贵的东西是什么吗？"我摇摇头，爸爸于是笑着说："是开心啊！"

爸爸说，不管我们遇到什么困难，都要记得笑一笑，因为开心可以让我们的生活变得更美好。他还说："有时候我们可能会因为一些小事情生气或者难过，但是换个角度想，就能发现不一样的乐趣。"

就像上次我考试没考好，本来很不开心，但是爸爸跟我说，失败是成功之母，只要我能从失败中获得经验和教训，下次就能做得更好。他还带我去吃了我最喜欢的冰激凌，我一下子就开心起来了。

在这个世界的每一个角落，无论是喧嚣的城市，还是宁静的乡村，父爱都以其独特的方式存在。在父亲的庇护下，你学会了成长，学会了面对生活的挑战。而在这一切中，最重要的一课或许就是爸爸所教你的：开心才是生活的意义。

南南就有一个这样乐观的爸爸。当南南因为一次考试没有得到预期的成绩而垂头丧气时，爸爸并没有用严厉的

话语来责备，反而带着他去公园里放风筝。那一天，阳光明媚，风筝在蓝天白云间自由翱翔，爸爸说："看，就连风筝都在享受飞翔的快乐，我们为什么要被一时的挫折所困扰呢？"简单的一句话，却像是一把钥匙，打开了南南心中困扰他已久的锁链。

随着年岁的增长，南南又要面对生活中更多的挑战和困难。每当这个时候，爸爸总是以他那宽广的肩膀为他遮风挡雨，还向南南讲述自己年轻时遇到的困难，并告诉他，无论遇到什么样的困境，保持乐观的心态是极为重要的。

有一年，南南的家庭遭遇了经济上的困难，妈妈焦急万分，但爸爸却用他的镇定给了他们信心。他没有过多地忧虑，而是调整家庭预算，寻找新的解决方案。他说："财富来去无常，但快乐和家庭的温暖是无价的。"这样的从容不迫，让南南深刻体会到，面对生活的不易，开心和积极的态度比什么都重要。

在教育南南的过程中，爸爸也特别强调兴趣与爱好的重要性。他认为，一个人能够做让自己心情愉悦的事情，是生活中最大的幸运。无论是绘画、音乐、阅读还是运动，他都会鼓励南南去尝试、去发现自己真正喜欢的东西。他说："做自己喜欢的事，是人生一大乐事，它能带给你源源不断的快乐。"在他的鼓励下，南南找到了自己的兴趣所在，并从中体会了快乐和成就感。

　　在爸爸的教导下，南南学会了在逆境中保持乐观，勇敢追寻内心所热爱的东西，这也成为他人生旅程中最宝贵的财富。

　　在生活的长河中，爸爸像一位智慧的舵手，他的话语犹如指南针为我们指明前进方向。他告诉我们，生活的意义不仅仅在于呼吸与存在，更在于我们如何用心感受快乐，用快乐去点亮自己的生活。

　　当然，我们的爸爸也难免会遇到不开心的事情。如果下次看到他不开心，我们可以试着去安慰他，可以告诉他："爸爸，不要怕，有我在。"

做事光明磊落，才能问心无愧

今天，爸爸给我上了一堂很重要的课。他告诉我："宝贝，无论做什么事情，最重要的是问心无愧。"我有点不太明白，爸爸就耐心地解释给我听。

爸爸说，问心无愧就是做事要对得起自己的良心，不要做让自己后悔的事。爸爸还告诉我，有时候我们会遇到一些困难，或者别人对我们的要求很高，但是只要我们尽力去做，尽自己最大的努力，就算结果不是最好的，也可以问心无愧。

我想了想，觉得爸爸说得对。就像上次我参加学校的美术比赛，虽然我没有得第一名，但是我画得很认真，对自己的作品很满意，所以我没有遗憾。

在《镜花缘》中，李汝珍有一句话是"尽人事，听天命"，其实是问心无愧的另一种说法。无论做什么事，我们都不能贪图一时的好结果而做出一些违反道德或规则的事。尽自己最大的努力去做一件事，结果是好是坏，那就不是自己所能控制的了。

有一次，小明在学校里遇到了一道难题，同学让他抄袭自己的答案来完成作业，但小明想起了爸爸曾经对他说

过的话："做人要有诚信，做事要凭良心。"于是，小明决定靠自己的努力去解决问题。虽然过程有点费劲，但最终他还是凭借自己的智慧和努力完成了作业。当他把这件事告诉爸爸时，爸爸的脸上露出了骄傲的笑容，并夸奖他是一个诚实、勇敢的孩子。

问心无愧意味着你在做任何事情的时候，都要遵循自己内心的声音，做出正确的选择。当你面对诱惑和困难时，要坚守自己的原则，不为外界的压力所动摇。这样，即使结果不尽如人意，你也能做到问心无愧，因为我们知道自己已经尽力了。

美国前总统约翰·肯尼迪的父亲约瑟夫·肯尼迪从小就教育自己的孩子们要保持独立思考的能力。他认为，只有独立思考，才能更好地做出判断，而不被外界的因素所干扰；只有这样，才能在做事的时候问心无愧。

约翰·肯尼迪深受影响。在1961年美国总统就职典礼上，他发表了最为重要的一次演讲。他向全人类展示了一幅非常美好的蓝图，今后，人类要探索外太空、治愈各种疾病，以及消除贫困等等。这听上去的确让人心潮澎湃，当初的美国听众也听得热血沸腾，但是疑虑也在他们的心中悄然升起。这可能吗？这些美好的愿望真的可以实现吗？

最后，肯尼迪在演讲中说，问心无愧是我们唯一稳得的报酬。

　　小朋友，在任何时候，做任何事情，我们都要对得起自己的良心。只有内心一直坦坦荡荡，我们才能战胜困难，迈向充满光明的未来。

　　要记住，无论结果是成还是败，只要努力过了并问心无愧，我们就不是败者。

面对困难，我们要坚持不懈

我的日记

上学期末，我考试没有考好，心情很沮丧。我觉得自己明明已经很努力了，但结果依然没有达到我的预期。

爸爸见状，并没有责怪我，他似乎一眼就能看出我的问题，温柔地问我："宝贝，你知道世界上最珍贵的东西是什么吗？"我摇摇头，爸爸笑着说："是面对困难时的坚持不懈。来，爸爸跟你一起找原因。"

爸爸帮我分析了一下考试的内容和我之前的学习状态，我这才恍然大悟。在之前的学习中，我总是碰到难题就放弃，不愿意去尝试解决，我的努力只局限在那些我懂的内容上，因此在考试的时候丢了很多分。

最后，爸爸说："只要你能从失败中获得经验，再碰到难题的时候，再多努力尝试一下，坚持不懈，下次就能考得更好。"

父亲教会了我们成长，他让我们知道，在碰到困难时再多尝试一次，也许就会有不一样的结果。在每个人的一生中，父亲的陪伴非常重要，是他告诉了我们，坚持不懈才能让生命绽放光彩。

　　今天的手工课要求同学们做小凳子，这对南南来说很有难度，他向来不擅长做手工，因此在规定的时间里，南南没有完成。爸爸并没有用严厉的话语责备他，反而带着他去公园里放风筝。那一天，公园里的风很大，可南南手中的风筝却怎么也飞不起来，他试了好多次都以失败告

终。就在他快要放弃的时候，爸爸指着天空中其他飞翔的风筝说："看，那些风筝都能飞起来，你的为什么不可以呢？遇到点困难，不要先想着放弃，而要想想自己还有哪些地方需要改进。爸爸相信你，只要坚持不懈，你的风筝就一定能飞起来。"

南南照着爸爸的指示，放平了心态，用尽全力将风筝往天空中一抛，然后自己快速跑起来。果然，就在这一次的尝试中，风筝飞了起来。

随着南南慢慢长大，他所面临的挑战与困难也更多。每当这个时候，爸爸总是默默陪伴在他身边，不断告诉他："再试一次，也许下一次就成功了呢。"

很多时候，南南都会听从爸爸的建议，并吸取之前失败的教训，调整心态，往往最后能获得让自己满意的结果。

在成长的过程中，南南一直谨记爸爸的教诲。通往成功的道路上，并不拥挤，因为很多人会在中途放弃。成功往往属于那些永不言弃、坚持不懈的人。

坚持不懈意味着我们要具备坚韧不拔的毅力。在追求目标的过程中，我们可能会遇到挫折和失败。然而，这些挫折并不代表我们的终点，而是成长的机会。只有那些能够从失败中吸取教训、跌倒了重新站起来并继续前进的人，才能够实现他们的最终目标。

爱的箴言

爸爸告诉我们，只要在面对困难的时候坚持不懈，不轻易放弃，那么好结果往往就发生于我们再试一试的努力中。

当然，我们的爸爸也难免会遇到难以解决的事情。如果下次看到他不开心了，我们也可以去鼓励他，劝他再试一试，因为他也曾在我们遇到困难的时候教导过我们。我们可以告诉他："爸爸，长风破浪会有时，直挂云帆济沧海。"

只要开始努力，什么时候都不晚

 **我 的 日 记**

爸爸经常给我讲爷爷的故事。爷爷出生在农村，从小没接受过多少教育。他年轻的时候喜欢写作，尽管认识的字还没有七岁的我认得多，但他一直都在努力学习，只是没有机会尝试写作。后来，他退休了，有了充足的时间。

有一天，爷爷买了很多名著，带回家并抄写里面的好句子。半年之后，他决定开始写作。一开始，他写得并不好，爸爸发现了很多错别字以及病句。但爷爷并没有放弃，而是坚持每天写几句。

爷爷的文章写得越来越好。三年后，他的一篇短文还刊登在了我们当地的文学报上呢。

爸爸告诉我，努力永远都不会晚。我也相信，只要我努力，未来一定会闪闪发光！

在一个偏僻的小镇上，生活着一位普通的爸爸和他三个可爱的孩子。这位爸爸并不富有，也没有出众的才华，但他拥有一颗坚韧不拔的心和对孩子们真挚的爱。他常常告诉孩子们："无论做什么事情，只要你肯努力，永远都不会太晚。"

事实上，爸爸也是通过自己的身体力行来教育孩子们。他的学历很低，但他对新鲜事物总是保有十足的好奇心与学习力，只要他认为对自己有用的，有助于自己职业发展的，他都会去学习。

有一次，小镇上举办一场少儿绘画比赛，孩子们都跃跃欲试。尽管他们从未正式学习过绘画，但爸爸仍然鼓励他们参加。他告诉孩子们："获不获奖不重要，重要的是参与与尝试。虽然你们没有学过画画，但距离比赛还有一阵子，现在开始努力，也不会晚。"

　　孩子们听了爸爸的话，每天放学回来都通过视频学习绘画的技巧，每天都完成一幅小画。比赛当天，孩子们带着自己准备的作品来到了现场。他们没有那些受过专业训练的孩子们画得好，但他们的作品充满童真和想象力，展现了他们对世界的独特看法。孩子们虽然最终没有获得名次，但他们也收获了很多，也很高兴。因为他们明白了：只要肯努力，什么时候开始都不算太晚。

　　这位平凡的爸爸成为孩子们的第一任人生导师。他没有万贯家财，也没有非凡的成就，他的一颗坚韧不拔的心犹如启明星，为他们照亮了前行的道路。

　　人生的道路上，我们会遇到各种各样的困难和挑战。有时候，我们会觉得自己已经错过了最佳的时机，觉得一切都已经太晚了。但是，爸爸的教诲告诉我们，只要我们愿意努力，就没有什么是不可能的。就像孩子们参加绘画比赛一样，虽然他们没有受过专业训练，但他们凭借着自己的努力和勇气，展现了自己的独特之处。他们虽然没有获得名次，但他们收获了更宝贵的东西——对努力的信念和对未来的希望。

　　努力永远都不会晚。我们不必急于一时的成功，也不必害怕一时的失败。只要保持着努力的状态，不断地学习和进步，就一定能够在人生的道路上走得更远。

爱的箴言

种下一棵树最好的时间，一个是十年前，另一个就是现在。只要我们有一颗上进的心，那么什么时候开始努力，都不算晚。

我们的一生都会面临各种新的机会与事物，不要觉得自己之前没有接触过，现在再开始学习就已经晚了。无论我们的目标多么遥远，只要持续努力，一步一个脚印地前行，就会离梦想越来越近。

爸爸为什么教我诚信？

我的日记

今天，爸爸带我去了图书馆，在回家的路上，爸爸告诉我一个很重要的道理："言而有信，才能有所成就。"我问他什么是言而有信，爸爸就给我讲了一个故事。

有一个小男孩，他答应妈妈，只有做完作业之后才能出去玩。但是有一次，小男孩看到朋友们在外面玩耍，就忍不住先去玩了，结果作业没能完成。第二天，老师检查作业，小男孩因为没有完成作业被批评了。

爸爸说，这就是不守信用。爸爸还告诉我，如果一个人总是说话不算数，别人就不会相信他，也不会愿意和他做朋友。

在一个温馨的家庭里，有一个聪明、有好奇心的小朋友名叫政政，他的爸爸是一个普通的劳动者，但他在工作和生活中总是能说到做到，从不食言。政政虽然还小，却已经开始学习观察和模仿大人的行为。

　　有一次，爸爸答应了周末带政政去公园玩耍。然而，就在约定的前一天，爸爸突然接到了加班的通知。面对这

样的情况，爸爸没有选择放弃承诺，和政政说明了情况，在加班结束后，不顾疲惫，坚持带着政政去了公园。

那天，公园里的阳光正好，微风不燥。政政在草地上奔跑，欢笑声不断传来。爸爸则坐在长椅上，虽然有些疲惫，但看着政政快乐地玩耍，他的眼中充满满足和幸福。爸爸那次守诺的行为，虽然没有言语的教导，却深深地影响了政政，让他明白了兑现承诺的重要性。

随着时间的流逝，政政逐渐长大，开始上学，并有了自己的小伙伴。他牢记爸爸的教诲，所以在学校里，他总是那个最守信用的孩子。无论是做小组作业还是和朋友间的约定，他都会认真履行，从不失信。

有一次，政政和朋友们计划一起去图书馆复习功课。然而，就在计划的前一天，他的爸爸说第二天带他去玩，他很高兴，也很想去，但这样的话，和朋友的约定就完不成了。面对这种情况，他想到了爸爸当年的选择，将情况告诉了爸爸，依然坚持赴约。爸爸也为他的选择而感到高兴。

朋友们也听说政政爸爸要带他出去玩，又看到他的到来，都感到非常惊讶，同时也很感动。这件事在学校里传开后，政政也得到了更多人的尊重和信任。

转眼间，政政已经成长为一个青年。他的爸爸也渐渐老去，但爸爸那种守信的精神，却依然影响着政政。这么多年来，政政都秉承着爸爸的教诲，做一个言而有信的人。

工作上，政政总是尽职尽责，对客户的承诺从不含糊；生活中，对朋友非常真诚，从不食言。正是这样的品质，让他在职场上获得了同事的信赖，在朋友圈子里赢得了良好的口碑。

爱的箴言

爸爸是一个言而有信的人，同时，他希望我们也能够如此。父爱不仅仅是呵护和照顾，更是对未来的准备和期待，是言而有信的坚定与执着。

小朋友，回想一下，你有过失信的时候吗？具体是因为什么情况呢？如果有的话，不妨回去将自己的经历分享给爸爸，看看他会怎么说。

面对困难，永远不要失去信心

我 的 日 记

今天，爸爸带我去了动物园，我们看到了各种各样的动物。那些动物有的在玩耍，有的在打盹儿。爸爸突然对我说："宝贝，你知道吗？不管遇到什么困难，都要保持开朗和积极哦！"我好奇地问爸爸为什么。

爸爸说："你看动物园里的小猴子，即使没有在山野中自由，它们也会开心地玩耍，因为它们知道，这里虽然没有山野里那么广阔的家园，但是却定时有充足的食物。人也是一样，生活中总会有不如意的时候，但是只要我们保持开朗和积极，就能找到解决问题的方法。"

爸爸还告诉我，即使遇到困难，也要笑一笑，因为开朗和积极就像阳光，可以驱散心中的乌云。

在一个普通的小镇上，有一个小孩叫松松，他的爸爸是一位普通的工人。每天，爸爸都会早早起床，去工厂辛勤劳作，晚上回家时，总是满脸疲惫。但无论多么辛苦，他回到家的第一件事，就是抱起松松，用他那粗糙的大手轻轻地抚摸孩子的头，温柔地询问："宝贝，今天过得怎么样？"

爸爸，只要我相信自己，就一定能克服困难，迎接充满希望的明天。

这位爸爸的生活并不容易，但他从不在孩子面前表现出任何的沮丧和不满。他总是面带微笑，用乐观的态度影响着松松。每当孩子遇到困难，想要放弃时，爸爸总是鼓励他："没关系，失败是成功的垫脚石，我们要勇敢面对，积极解决。"

　　记得有一次，松松在学校的比赛中失利，心情十分低落。爸爸知道后，没有责备他，而是带他去公园散步。在绿草如茵、花香四溢的环境中，爸爸轻声对他说："生活中总会有不如意的时候，但我们不能因此而失去信心。你看这些花儿，它们经历了冬天的寒冷，依然能在春天绽放最美的花朵。我们也要像它们一样，不管遇到什么困难，都要保持开朗、乐观，相信未来会更好。"

　　爸爸的话语如同春风，吹散了松松心中的阴霾。从那以后，他学会了在挫折面前不低头，更加努力地去克服困难。他明白了，即使生活不如意，也要保持一颗积极向上的心，因为这是爸爸教他的最宝贵的精神财富。

　　松松渐渐长大了，成为一个阳光、乐观的青年。他时常回忆起爸爸的教诲，那些关于坚持、勇气、乐观的道理，深深地烙印在他的心中。

　　后来，松松也成为一位爸爸，他深知自己责任的重大。他希望自己能像爸爸一样，给予孩子无尽的爱和支持。他开始用自己的方式，将爸爸对自己的影响传递给下一代。他会在孩子遇到困难时耐心引导，用乐观的态度鼓励孩子，让他们知道，只要心中有爱，有信念，就没有什么困难是过不去的。

　　如今，松松已经老了，但他的眼神依旧充满慈爱和骄傲。他知道，自己的儿子不仅继承了他的乐观，还将继续把这种对人生的态度传递给更多的人。

亲爱的小朋友，你是否也有这样的爸爸呢？他用自己的方式爱着你，教你面对生活的挑战。也请你像爸爸一样乐观，将这种人生态度永远传递下去。

爱的箴言

无论我们遭遇怎样的挫折与无奈，爸爸都会陪伴在我们身旁，用他宽阔的肩膀为我们提供依靠。除此之外，他还会温柔耐心地教导我们重新站起来，去面对人生中的那些挫折。

当我们面对不如意的事情的时候，不妨和爸爸讨论一下。另外，下次如果看到爸爸愁眉不展，我们也可以告诉他，一定要开朗和积极，就像他教我们的一样。

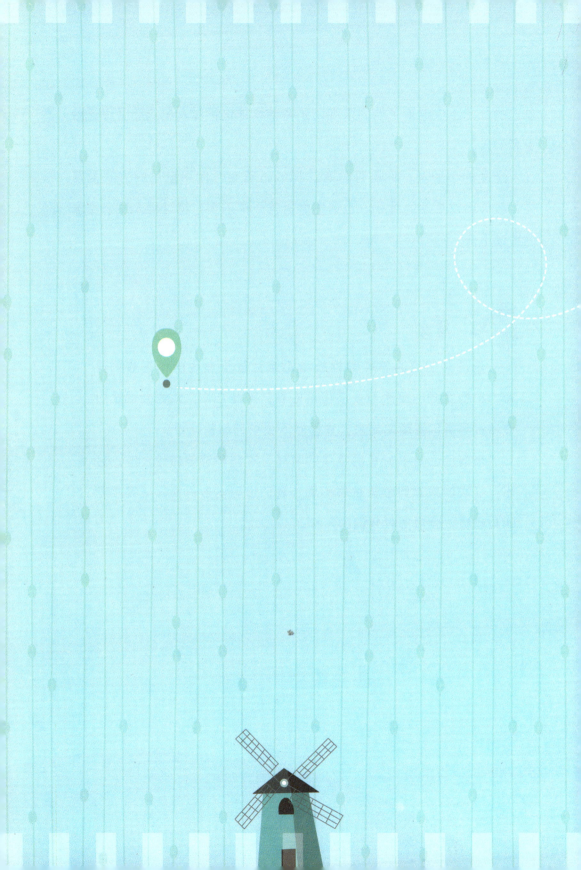

第六章

爸爸真的超级酷

我们是怎样在爸爸的庇护下成长的？

我的日记

　　今天，我和爸爸在我们家后院的大树下玩，爸爸教我怎么爬树，虽然有点高，但是爸爸在下面保护着我，我就一点儿也不害怕了。我们还在大树下野餐，爸爸做了我最喜欢吃的三明治。我们边吃边聊天儿，爸爸给我讲了很多故事，我觉得他是个无所不知的"万事通"。

　　爸爸还教我怎样观察大自然，他说每一片叶子、每一朵花都有它们的故事。我们看了蚂蚁搬家，听了小鸟唱歌，我觉得大自然真奇妙，而爸爸就像一本活生生的书，总能给我带来新的知识和惊喜。

　　今天，我在大树下学到了很多，也感受到了爸爸的爱。我发现爸爸真的好酷！他就像那棵大树一样，给我遮风挡雨，让我健康成长。

在这个世界上，每个孩子都如同一棵正在生长的小树苗，而爸爸则犹如那棵为小树苗遮风挡雨的大树。它静静地站立，根深扎于地下，以枝叶拥抱天空，默默地在每一个季节里，为小树苗创造一个健康成长的环境。

在一个风和日丽的冬日午后，公园里的一棵大树下，一位爸爸正陪伴着他的孩子，一同感受大自然的馈赠。这位爸爸不仅是孩子的游戏伙伴，更是他人生路上的引路

宝贝，无论如何，我都会像这棵大树一样，陪在你身边，保护着你。

人。他通过面前的这棵大树，向孩子传递成长的道理。

爸爸告诉孩子，大树之所以能够屹立不倒，是因为它有着坚实的根基。这与做人一样，一个人的品质和能力就是他的根基，只有不断学习、积累经验、培养品质，才能在社会中稳稳地站立。这个道理同样适用于孩子的成长过程中，爸爸鼓励孩子不断学习新知识，培养良好的品德。

"随着季节的变换，大树的叶子由嫩绿转为浓绿，再由浓绿变成金黄，直至落叶归根。"爸爸借此教导孩子，要像大树一样，在不同的时期展现不同的风采。在童年，要敢于探索、勇于尝试；在青年，要学会承担、勇于奋斗；在壮年，要懂得感恩、乐于奉献。生活总是充满变化，但无论遭遇何种境遇，都要保持积极向上的心态，正如大树无论经历怎样的风雨，来年春天总会再次吐绿。

夏日的雷阵雨来临之时，大树的枝叶为小树苗遮挡了猛烈的雨水，减轻了风雨对小树苗的直接冲击。爸爸告诉孩子，在遇到困难和挑战时，爸爸就像那大树一样，是他的庇护所，给予他力量和勇气。

秋天的大树，果实累累，这是它一年辛勤生长的结果。爸爸告诉孩子，每个人的努力也都会结果，这些果实代表着知识、成就和快乐。

冬天，大树虽然失去了叶子，但它依然挺立，抵御着寒冷。爸爸告诉孩子，即使在人生的低谷期，也不能失去希望和勇气。爸爸的支持和爱就像是冬日里的阳光，温暖而坚定，引导他走过寒冷的冬日，迎接温暖春天的到来。

父爱如大树般宽广，它不仅为孩子提供了遮风挡雨的保护伞，更为孩子的成长提供了丰富的营养。孩子们在爸爸的陪伴下，学会了独立、勇敢、坚持和快乐。

爱的箴言

我们的成长离不开爸爸的精心呵护，他就像是一棵大树，为我们提供庇护的空间，让我们在他的爱护下健康成长。当我们羽翼丰满的时候，不要忘了，是爸爸一直给我们输送着养料。

对于爸爸，我们要感恩，更要学会回报。当我们再看到爸爸很累的时候，给他倒一杯水，或者帮他捶捶背，小小的关怀可以让他感到欣慰和放松。

当你害怕前方的未知时，爸爸会怎么做？

我的日记

今天，爸爸带我去了科技馆，那里有好多神奇的东西，看得我眼睛都花了。爸爸对我说："宝贝，你看，这个世界多奇妙啊，未来还有更多奇妙的事情等着我们去探索呢！"

爸爸告诉我，不管未来会发生什么事情，都不用害怕，因为他会一直陪着我。就像今天在科技馆，我看到了模拟的太空旅行，有点害怕，因为太空好黑好远。但是爸爸拉着我的手，说："不要怕，我们可以一起探索未知的世界。"

爸爸还说，我们要像宇航员一样，勇敢地奔赴明天，奔赴未来，只要我们有梦想，有勇气，就没有什么是不可能的。听了爸爸的话，我心里暖暖的，也不再害怕了。

在这个世界的某个角落，有一群小朋友怀揣着梦想和好奇心，他们渴望探索未知，却又对明天充满畏惧。然而，当他们感受到一种特别的力量——父爱时，他们的世界便充满勇气与希望。爸爸用他的方式，教会孩子面对生活的困难和挑战，在迷茫中找到方向。

每当夜幕降临，星星点点的时候，强强就会感到孤单和害怕。但是，有爸爸陪伴，那份恐惧感便烟消云散了。因为爸爸会告诉他，每一颗星星都是希望的象征，即使在

最黑暗的时刻，也总有光亮在前方等待。

爸爸的话语虽然不多，但是让强强在黑暗中找到了光明，也明白了一个道理——只要勇敢地向前走，就一定能到达梦想的彼岸。

作为孩子，在你成长的旅途中，也像强强一样，不可避免地会对不可预知的未来产生恐惧。这时，爸爸总会带给你一股温暖的力量，让你大胆向前。也许有时候，爸爸不会直接告诉你未来之路该如何走，而是让你不断尝试，在试错中学习、成长。这样的经历，虽然过程中会有泪水和挫折，但最终会让你变得更加坚强和独立。

所以，拥有一个能给予你无尽爱与支持的爸爸，是你最大的幸运。你未来的路，因为有了爸爸的陪伴，也会变得更加明亮而宽广。

爱的箴言

　　面对未知的未来，我们会害怕。但因为有爸爸的陪伴，我们在面对未来的时候，便多了一分勇气与力量。这是他给予我们的爱，无声却坚实。

　　小朋友，我们用攒下的零花钱，给爸爸买一本他喜欢的书，或者他需要的小工具，来表达对爸爸的感谢吧。

爸爸何以成为我的港湾？

我的日记

　　今天，我在学校里遇到了一些麻烦，心里有点难过。放学后，我闷闷不乐地回到了家。爸爸看到了，就问我发生了什么事，我告诉了他自己的困扰。爸爸笑呵呵地安慰我，笑容像太阳一样温暖。

　　爸爸说："宝贝，不要担心，无论发生什么事，家都是你的港湾，有爸爸在你随时都可以靠岸。"我听了爸爸的话，心里的乌云一下子就散开了。

　　爸爸还教诲我，生活就像船在大海上航行，有时候会遇到风浪，但是只要知道有港湾在，就不用怕。他还说，无论我遇到什么困难，都可以告诉他，他会和我一起想办法解决。

　　爸爸还给我讲了很多他小时候的故事，我听得津津有味。慢慢地，我忘记了烦恼。

在人生的长河中，每个人都像是一艘航行的小船，面对着波涛汹涌的海洋和变幻莫测的风向。而在这漫长的旅途中，爸爸就如同一座灯塔，为孩子们指引着前行的方向，提供避风的港湾。每当孩子们回头望去，总能发现爸爸是他们最坚实的依靠。

　　从你呱呱坠地的那一刻起，父爱便如同一种无形的力量，默默地守护着你成长的每一步。

在你的心中，爸爸总是那个能够解决一切问题的超级英雄。无论是作业上的难题，还是生活中的小挫折，只要爸爸一出马，似乎一切都能迎刃而解。

　　随着渐渐长大，你开始尝试独立面对世界。在这个过程中，爸爸会教导你如何分辨是非、如何坚持正义，更会以自己的实际行动，向你展示如何在逆境中坚韧不拔、战胜困难。这些生活的智慧和人生的经验，都是爸爸给予你最宝贵的财富。

　　在爸爸的悉心培养下，你学会了勇敢和自信，懂得了责任和担当。你不再害怕失败，因为你知道背后有一个坚强的臂膀会在你需要时伸出援手。这种力量让你在面对困难时更加果敢，在面对选择时更加坚定。

　　最终，当你长大成人回首往昔时，你会发现自己的生命中充满父爱的痕迹。在你的记忆中，总有一些关于爸爸的温馨瞬间。或许是一次手牵手走过的黄昏散步，或许是一次肩并肩解决难题的深夜背影。这些片段虽然平凡，却在你心中留下了深刻的印记，成为一生中最温暖的回忆。

　　所以，亲爱的小朋友，当你感到迷茫或疲惫时，不妨回头望望，你会发现，爸爸一直在你身后，他的臂膀同港湾一样，永远为你敞开。在这个港湾里，你可以找到安慰，找到力量，找到前行的勇气。

爱的箴言

　　爸爸就像春日的暖阳，温暖却不张扬，是我们前进的支柱，也是我们后退的庇护所。无论我们发生什么事情，爸爸都是我们最可靠的伙伴。

　　为了感谢爸爸给我们一个温暖的家，我们可以学习唱一首歌或者背诵一首诗，然后在一个特别的时刻，比如晚餐后，表演给爸爸看，给他一个惊喜。

和爸爸一起用心感受自然与生命

我 的 日 记

今天，爸爸带我去了郊外的田野，一起感受大自然的美好。

我们走在田野的小路上，爸爸指着那些绿油油的庄稼告诉我，这些都是为我们提供食物的植物，它们在阳光和雨露的滋养下茁壮成长。我看到了蝴蝶在花丛中飞舞，听到了小鸟在枝头歌唱，感觉这个世界真的好奇妙。

爸爸还带我去了小河边，我们看到了小鱼在水中游来游去，还有小蝌蚪在水草间玩耍。爸爸说，这些小生命虽然不起眼，但它们也是大自然的一部分，我们要尊重每一个生命。

我觉得爸爸真的好酷，他懂得这么多，而且总是能让我感受到生命的美好。

在一个阳光明媚的早晨，小朵和她的爸爸一起去公园散步。公园里绿树成荫，鲜花盛开，小鸟在枝头欢快地歌唱。小朵兴奋地跑来跑去，好奇地观察着周围的一切。她的爸爸则在一旁微笑着看着她，时不时地提醒她注意安全。

爸爸，看，它们好快乐。

爸爸希望你也能一直这么快乐。

突然，小朵发现了一只蝴蝶，她兴奋地追了上去。可是，蝴蝶飞得太快，小朵怎么也追不上。她有些沮丧地低下了头。这时，她的爸爸走了过来，轻轻地拍了拍她的肩膀，说："小朵，你看那只蝴蝶，虽然我们追不上，但是我们可以用眼睛去欣赏它的美丽，用心去感受它的自由。"小朵抬起头，看着爸爸，眼中闪烁起光芒。

　　接着，他们来到了池塘边。河水清澈见底，鱼儿在水中自在地游来游去。小朵好奇地问："爸爸，为什么鱼儿可以在水里呼吸呢？"爸爸耐心地解释说："因为鱼儿有鳃，它们可以通过鳃来获取水中的氧气。"小朵听得津津有味，她对生命的奥秘充满了好奇。

　　过了一会儿，他们又来到了一片草地上。草地上有几只昆虫在玩耍，有的在追逐嬉戏，有的在享受美食。小朵看得入迷，问："爸爸，为什么这些小昆虫都那么快乐呢？"爸爸微笑着回答："因为它们生活在大自然中，享受着大自然赋予它们的一切。它们知道如何珍惜生命，如何享受生活。"

就这样，小朵和爸爸在公园里度过了一个愉快的早晨，他们一起感受了生命的丰富与美好。在这个过程中，小朵也明白了一个道理：生命是宝贵的，我们应该珍惜它、善待它。同时，小朵也感受到了爸爸对自己的爱。

爱的箴言

爸爸的爱虽然无声，但我们可以时时刻刻用我们的心感受到它。心是爱的桥梁，也是爱的发生器与接收器。正如空气一样，爸爸的爱无处不在。

那么我们应该如何更好地感受爸爸的爱呢？我们可以和爸爸一起制订一个家庭活动计划，比如周末去公园或者一起做手工，共度美好时光，这样不仅能让我们体会到爸爸对我们的关心，还能增进我们和爸爸的感情。

爸爸为什么"永远长不大"?

　　早上，爸爸带我去了图书馆，他借了好多书，有关于科学的，有关于历史的，还有关于艺术的。我问他："爸爸，你不是已经知道很多了吗？为什么还要读各方面的书？"爸爸笑着说："宝贝，学习是一辈子的事情，爸爸也要不断学习新知识，才能不落伍。"

　　下午，我们在家里一起做手工，爸爸教我用纸折飞机。虽然爸爸折得比我好，但他还是很认真地倾听我的想法，我们一起改进飞机的设计。爸爸说："每个人都有自己独特的想法，我们可以互相学习。"

　　今天，爸爸让我明白了一个道理：无论多大年龄，都可以保持好奇心，都可以继续学习和成长。

132

在这个世界上，每个小朋友都梦想拥有一个英雄般的爸爸，一个能够举起他们飞向蓝天、驱散所有黑暗的超级英雄。

而在现实里，有这样一位爸爸，他或许没有超人的力量，也没有蝙蝠侠的科技装备，但他拥有一颗永不停歇的探索之心和对子女深沉的爱。这位爸爸，尽管已步入成年，却始终保持着一颗童心，与孩子一同成长，共同探索

这个奇妙的世界。他用自己的行动诠释着一种特别的父爱——永不停止地学习与成长。

这位爸爸相信，父爱不仅仅是保护和教导，更是陪伴和共同成长。他知道，世界在不断变化，新知在不断涌现，唯有不断学习和适应，才能更好地引导孩子前行。因此，在这个家庭里，学习没有终点，探索没有界限。从阅读科普书籍到尝试新的挑战，从一起做实验到讨论天文地理，这位爸爸总是那么热情和投入。

这位爸爸"永远长不大"并非逃避成熟，而是想和孩子一起保持好奇心。他教会孩子，无论年纪多大，都应保持对世界的好奇和热爱，这是通往知识的桥梁。在他看来，父爱是一场旅行，既要引领方向，又要享受途中的风景。

随着时间的流逝，孩子会慢慢长大，但爸爸的这份童心和不懈追求将会成为孩子心中永恒的灯塔。在未来的道路上，不管遇到什么风浪，孩子们都会记得，有一个人曾与他一起学习、一起成长，那个人就是他勇敢、坚强、充满爱的爸爸。

这样的父爱是深沉而伟大的，它赋予孩子无尽的勇气和动力。父爱既是庇护所，也是成长的催化剂。它让孩子懂得，不管年龄如何增长，探索的心永远不应衰老，学习的脚步永远不应停歇。

在孩子的心中，这样的爸爸是最好的朋友，是最伟大的导师。他用自己的生命诠释着一种至深的父爱，那是一份永不放弃，永远和孩子站在一起的勇气和力量。这份爱，如同山岳般坚实，如同海洋般深邃，伴随孩子快乐成长、展翅飞翔。

最终，当你回望这段旅程，你会发现，"永远长不大"的爸爸给予你的，远不只是知识和智慧，更是一种生活的态度，一种勇敢面对未知、乐观向上的精神。在爸爸的影响下，你学会了如何去爱，如何去生活，以及如何珍惜与亲人共度的每一分每一秒。这份父爱，如同回馈给时间的礼物，越久远越显珍贵，它将被你铭记一生，传递给未来的每一个明天。

爸爸有时童心未泯，他的内心也住着一个孩子，这让他更能理解我们的感受，倾听我们的声音。爸爸的这份少年感，不仅是对生活的一种态度，更为陪伴我们成长提供了便利。

我们该如何感谢这位"长不大"的朋友呢？我们可以学习做一些简单的早餐，比如煎蛋或者烤面包，然后在某个周末的早晨，让他享受一顿由我们亲手准备的早餐，让他感受到家的温暖和孩子对他的孝心。